邓·云·乡·集

燕京乡土记

岁时风物略

图文精选本

中华书局

图书在版编目(CIP)数据

燕京乡土记;岁时风物略:图文精选本/邓云乡著. —北京:中华书局,2024.8. —(邓云乡集). —ISBN 978-7-101-16738-2

Ⅰ.I267

中国国家版本馆 CIP 数据核字第 20245Y3B51 号

书　　名	燕京乡土记·岁时风物略(图文精选本)
著　　者	邓云乡
丛 书 名	邓云乡集
策划统筹	贾雪飞
责任编辑	詹庆莲
装帧设计	刘　丽
责任印制	管　斌
出版发行	中华书局
	(北京市丰台区太平桥西里 38 号　100073)
	http://www.zhbc.com.cn
	E-mail:zhbc@zhbc.com.cn
印　　刷	北京中科印刷有限公司
版　　次	2024 年 8 月第 1 版
	2024 年 8 月第 1 次印刷
规　　格	开本/787×1092 毫米　1/32
	印张 10¾　插页 7　字数 150 千字
印　　数	1-5000 册
国际书号	ISBN 978-7-101-16738-2
定　　价	69.00 元

出版说明

邓云乡（1924.8.28—1999.2.9），当代著名作家、民俗学家、红学家。1936年初随父母迁居北京，1947年毕业于北京大学中文系，1956年因工作调动定居上海。

邓先生出身于书香世家，少年迁居北京后，于长辈亲族处耳濡目染，且游走于俞平伯、谢国桢、顾廷龙、谭其骧等前辈学者间，对旧京遗事、燕京风物、北平民俗等熟谙于胸，在著作中娓娓道来却让人耳目一新，被谭其骧先生称为"不可多得的乡土民俗读物"，是呈现书香文脉、补益时代人文的优秀文化读本。同时，邓云乡先生长期从事《红楼梦》研究，以着重生活风物、服饰饮食等考证著称，更因《红楼风俗谭》一书成为87版电视剧《红楼梦》唯一的民俗指导。

邓先生学养深厚，笔耕不辍，著作等身。2015年中华书局出版的《邓云乡集》17种，囊括了他绝大部分著述，出版以来广受好评。今在其百年诞辰之际，推出图文精选本，择其代表著作中迄今仍引领阅读风尚者，每册约取六至八万文字，配以相关必要图片，以便读者借助文史大家的提点，便捷地领略中华民族博大精深的文化魅力。

中华书局2015版《燕京乡土记》有"岁时风物略""胜迹风景谭""市廛风俗志""艺苑风烟"四部分共97篇，今选"岁时风物略"33篇，以见其书大旨。若读者希望完整了解《燕京乡土记》一书，请阅读邓云乡先生原作。

中华书局上海聚珍编辑部

2024年7月

目　录

万象又更新

除 夕

岁时之事，先要由岁首说起；而岁首之事，则先应由除夕说起。岂不闻昔时联语乎？一曰："一元初复始，万象又更新。"二曰："一夜联双岁，五更分二年。"复始、联双，均连除夕计算在内。因而开宗明义第一章，也先要从除夕说起。

旧历除夕在江南俗称"大年夜"，前一天晚间称"小年夜"，在北京俗称"年三十晚上"，似乎没有小年夜叫法。即使是小月（北京叫"小尽"），腊月只有二十九天，也照样叫"三十晚上"，不会叫"二十九晚上"，这早已成了"除夕"的代名词了。

除夕是一年中最使人留恋的一晚，所谓"一夜联双岁，五更分二年"，一夜之间，就变成两年了，前半夜生下的小孩属"猴"，后半夜生下的就属"鸡"了。中国人向有"守岁"的习惯。北京人于除夕守岁之夜，又是最喧阗的时候，这一夜有几种特殊的声音，家家户户都传出，此起彼伏，洋洋盈耳，交织成一部别致的乐章，可以名之曰"三十晚上协奏曲"吧。

其一是爆竹声。《燕京岁时记》云："及亥子之际，天光愈黑，鞭炮益繁，列案焚香，接神下界。"这说的是接神的鞭炮声。"亥子之际"，是夜里十时到十二时之间，其实用不了这样晚，天一擦黑，东一声、西一响的早就放起来了。最先是孩子们或者半大小伙子，早已拿着香火放着玩了，孩子放的，一般是"小百响"上拆下来的小炮，大的麻雷子、双响、二踢脚等，那可以算作巨型爆竹的，孩子们是不敢放的。《红楼梦》第五十四回写放爆竹，黛玉"不禁劈啪之声"，而湘云则不怕。宝钗笑道："他专爱自己放大炮仗，还怕这个

▶ 包饺子

▶ 燃爆竹

呢。"说明放大炮仗是要有胆子的。年幼的不敢拿在手中放，把爆竹竖在台阶上，拿着根线香，一只手捂着耳朵，远远地探着身子点，其他小孩两手捂着耳朵，紧张而又焦急地等待着……此情此景，即使白头人也还记得吧？待到午夜，"噼啪"之声，渐繁渐密，震耳欲聋，这象征千家万户迎神接"祖"之时到了。一年便到了这个抓也抓不住的最后时刻了。

二是剁饺子馅的声音和切菜的声音。《京都风俗志》云："妇女治酒食，其刀砧之声，远近相闻，门户不闭，鸡犬相安。"孩子们在院子里紧张地放爆竹的时候，也正是主妇们在厨房里最忙碌的时刻，年菜都在前几天做好了，而大年初一的"煮饽饽"却总是要在三十晚上包出来，这时家家的砧板都在噔噔噔地忙着剁肉、切菜。饺子有净肉馅，有猪肉白菜馅，有羊肉萝卜馅，也还有不少初一吃素的，要包香油、豆腐干、干菠菜馅，因而刀砧之声，也就彻夜不停了。说到刀砧声，想起一个十分凄凉的故事。旧社会生活困难，三十晚上是个关。一家人家，丈夫到三十晚上很晚了尚未拿钱归来，家中瓶粟早罄，年货毫无。女人在家哄熟了孩子，一筹莫展，听得邻家的砧板声，痛苦到极点，不知丈夫能否拿点钱或东西回来，不知明天这个年如何过，又怕自己家中没有砧板声惹人笑……便拿着刀斩空砧板，一边噔噔地斩，一边眼泪潸潸地落……这是我很小时听母亲讲的故事。至今我还深深记忆着。若能把它写成个小说该多好呢？常常这样想着。

三是结账的算盘声。旧式买卖，要在年三十作出决算，开出"清单"，因此三十晚上又是大小买卖最紧张的结账时刻，这时如到大街上走一转，在一路上所有铺子传出的"噼噼啪啪"算盘声和报账声，抑扬顿挫，彻夜不停，直到五更接神为止。《都门杂咏》"节令门"除夕诗云："爆竹千声岁又终，持灯讨账各西东。五更漏尽衣裳换，贺喜拈香倩侍童。"其中讨账一句，未写算盘声，却已听到算盘响了。此亦不写之写也。

这三种声音再夹杂着大量说笑声（当然也有叹息声、

哭泣声）构成了当年北京的"三十晚上协奏曲"。

吉　语

年三十守岁，俗名"熬年"。孩子们张罗熬年最起劲，但睡着得却最早，往往和衣而卧，一觉醒来，揉揉眼睛，又是一年了。记得蔡绳格《一岁货声》中有一条很有趣的记载，其记卖"荸荠果"的注解道："闻早年必于除夕晚间，先卖此果，仅卖初间数日，然后待夏才卖，谓之先熟果，盖取'必齐'之义。"

这在北京叫作"口彩"，荸荠谐"必齐"的音。前人诗云："一年将尽夜，万里未归人。"人们在年三十晚上是更加思念远人的。远人归来，一家团聚，必定齐全，欢庆元旦，所以在"大年下的"（北京口头语），一定要多说两句吉庆话，讨个口彩，这不是迷信，这是善良的人们良好的祝愿。从语言学角度来讲，人类语言，应该越进化，越丰富，变换手法越多，越风趣，越含蓄，越美。有些话，有些词语，直说不受听，便换一种说法。如说"你吃舌头吗？"人人口中都有舌头，把舌头吃掉，那如何做人呢？因而北京人创造出"口条"的词汇，"您吃口条吗？"江南人又创造出"门枪"的说法，"耐阿要吃门枪？"这样便中听多了。吉庆话也是这样的创造。

大年摆供，苹果一大盘是少不了的，这叫作"平平安安"；一尾活鲤鱼是少不了的，不但"吉庆有余"，而且"年年有余"，还要"鲤鱼跳龙门"；要供一盆饭，年前烧好，要供过年，叫作"隔年饭"，是年年有剩饭，一年到头吃不光，今年还吃去年粮的意思。这盆隔年饭最好用大米、小米混合起来烧，北京俗话叫"二米子饭"，是为了有黄有白，这叫作"有金有银，金银满盆"的"金银饭"。饭堆在盆中，弄得很圆，像个大馒头，上面干果、柿饼、桂圆一定要放几只，叫作"事事如意"；花生、栗子一定要放几枚，红枣一定要放几只，叫作"早生利子"。这盆饭看上去圆圆的极丰满，色彩也很美丽，有黄、有白、有红，花团锦簇，人们还要打扮它，在上面插上红绒花，剪上红寿字，等等，总而言之，是取个吉利。

北京过年虽然不像江南那样重视吃年糕，但家家户户也要买一些，叫作"年年高"。过去有人拿一叠木板印的财神像，在除夕晚上挨家挨户去送，一到大门口，就叫嚷："送财神爷来啦！"借以乞讨几个钱，这时家主千万不能说"不要"，要说："劳您驾，快接进来！"细想想，人们有时自己骗自己，是很滑稽的，但这种小迷信，如果不当作迷信看，无伤大雅，却还带有一点生活的情趣。

大正月里，处处要说吉庆话讨口彩，忌讳说不好听的话。比如打碎一个碗，不能说"打碎了"，更不能说"砸了"，而要说"岁岁平安"。小孩跌了一跤，也要说句吉庆话，叫作"跌跌碰碰，没灾没病"。我只能举很少的例子，因为这都是老北京"妈妈大全"上的话，我没读过。《帝京岁时纪胜》记正月禁忌云："元日不食米饭，惟用蒸食米糕汤点，谓一年平顺，无口角之扰。……人日（初七）天气晴明，出入通顺，谓一年人口平安。"还有不少，不多引了。这是乾隆初年的

▶ 摆供祭祀

风俗。

老一辈的读书人，也要讨个吉庆，用红纸写个小条儿，年初一贴在书桌前面，叫作"元日书红"，都是四字句、四句押韵的吉庆话。如"元日开笔，笔端清妍。文思泉涌，吉庆绵绵"。写时一定要恭楷，这又叫"元旦开笔"，祝愿今年高中。这是封建科举时代读书人梦寐以求的。中了以后，做了大官，这个元日书红，还是要写的。或叫"元日试笔"，孙宝瑄《忘山庐日记》光绪三十二年（一九〇六年）正月初一记云：

> 晨起拜天，试笔作岁岁平安四字，时檐瓦间犹留隔年之雪未销，案头梅花渐放，对之颇欲咏吟，然自昔元旦者从无出色句，不过吉祥颂祷而已。

从日记可以想见其情景。近五十年前，亲见一位举人出身的舅父，年年大年初一恭恭敬敬地写元日书红的帖子，写好后，亲自认认真真地贴在书桌前，其虔诚的态度，决不下于一个虔诚的释子合掌礼佛，或一个虔诚的天主徒，跪在圣母玛利亚像前划十字忏悔，但这不是宗教，是什么呢？大概是在传统的古老文化熏陶下所形成的一点痴心吧。

初五开市

现在春节放三天假，加个星期天，再调一天，前后差不多也是五天。这还有点老习惯。北京旧时过大年，一般最少要过五天，由初一算起，到初五为止，才算过了年，俗名"破五"。在这五天内，商店停市，戏馆子封箱不唱戏，各衙门封印不办公，统统要等到初六，最少初五才开市大吉。在这几天中，东四、西单、前门大街、大栅栏、廊房头条等繁华热闹的去处，大大小小的买卖，一律上着板，用大红纸、梅红纸写了贴在门上："初五开市。"《燕京岁时记》云：

初五日谓之破五，破五之内不得以生米为炊，妇女不得出门。至初六日，则王妃贵主以及各宫室等冠帔往来，互相道贺。新嫁女子亦于是日归宁。春日融和，春泥滑达，香车绣幰，塞巷填衢。而阛阓诸商亦渐次开张贸易矣。

把新嫁女子归宁和商店开市并列，写在一起，喜气洋洋。但是"几家欢乐几家愁"，就在这喜气洋洋、欢乐的新年新月里，在商店渐次开张贸易的时刻，年年总有一些人要愁容满面，这就是各商号中被辞退出店的伙友。在生意萧条的年月，这些人多些；在生意繁荣的年月，这些人少些，但多少总是有一些的。

旧式商业的会计年度是以旧历计算的，人事变动也是按旧历计算的。如果一家买卖年初五、初六开不出市来，那就等于告诉人这家字号"关门大吉"了。腊月底各家字号把账结好，开出总清单送给东家。是赚啦，还是赔啦，赚多少，赔多少。大掌柜、二掌柜以及大小伙计，把钱分好，用红包送到各人手中。多少不等，人人有份。三十晚上吃敬神酒，初一给东家拜年，初二祭财神等等，这些都是欢乐的事，而最最紧张的是年初四或年初五晚上开市之前那顿酒席了，这是一顿使人提心吊胆的"便宴"。这顿便宴行话叫"说官话"，俗名"吃滚蛋包子"。这顿晚宴比较丰盛，有菜有酒，酒后照例是吃包子。上席时，东家、掌柜、大小伙友各就座位，小伙计依次把酒斟满，当家的举杯祝贺，然后吃上几口酒菜之后，便要开腔了。如果生意好，便当众宣布人事照旧，大家便可开怀畅饮；如果生意不好，借此机会要辞退人。按，老年规矩，辞退人也十分注意礼貌，在席上当家的叹完"苦经"之后，等到包子端上来，便亲自夹一只包子放在某人碗中，此人一切便明白了。饭后自己就收拾行李带着辛酸和热泪告辞走了。"吃滚蛋包子"即由此得名。

北京旧时商业，各种买卖的掌柜、伙友等，真正北京人极少，最多的是山西人和山东人。山西是晋中晋南人，如文水、介休、太谷、平阳等县，山东是胶东一带，蓬莱、莱阳、益都、文登等县。大行道如粮店、钱庄、绸布、药材、饭庄、干果等，少数行业是河北人，如煤厂、浴室，都是京南河间一带的人。一般十三四岁跟上亲戚同乡到北京学徒，山东人叫"小力把"，山西人叫"娃子"，勤勤恳恳，吃不少苦头，熬到满师，当上伙计，一年年地升上去，颇不容易。在经济稳定时期，生意过得去，一般不轻易辞退人。大量辞退人，首先是经济困难，买卖难做，赔累过甚，不得不收缩，甚至关张。如遇战争等那就更不用说了。但有时因伙计犯一点小错误，如违犯店规，或经济上手续不清，或因同事间倾轧，在东家前被人说了坏话等等，总之当时旧商业的人事是没保障的，年初五在各家铺子中都是一个既欢乐而又担心的日子啊！

燕九春风驴背多

白云观

积习难除，年年过年，总要写几首诗，以寄岁时之感。有一年写的诗中，有一首专叙年景。俞平伯老师北京来信云："《辞岁书怀》，情思俱胜。第四叙年景尤妙。"这首诗中的结句云："胜游排日桩桩定，燕九春风驴背多。"这是说旧时正月十九骑小驴逛白云观的事。经历过的人回忆起来，是极为神往的。正月十九日称燕九节，是纪念元时丘长春道士，白云观就是他修炼的庙宇。正月开庙，所谓车骑如云，游人纷沓，说是能遇到神仙。《桃花扇》作者孔尚任《燕九竹枝词》第一首云：

　　　　春宵过了春灯灭，剩有燕京燕九节。
　　　　才走星桥又步云，真仙不遇心如结。

　　这说的就是燕九节会神仙的故事。按，燕九节是丘长春生日。丘处机生于南宋绍兴十八年正月十九日，他是全真道教教主王重阳的嫡传弟子，道号长春子，称长春真人。修道终南山，元太祖召他北上，曾于西域见成吉思汗，赐号神仙，令掌管天下道教，元人入北京，即赐居太极宫，改称长春宫。这里是唐开元间建的道观天长观，金代又改建。元人又大加修葺。丘死后，以其生日正月十九日为燕九节。据说丘长春每年这一天还要下凡，但人们不易遇到，所谓"真人不露相，露相不真人"，凡夫俗子是不大容易有缘遇到仙家的。而且真人下凡的时候，变化多端，时男时女，时老时幼，有时甚至是穿得破破烂烂的叫花子，因此到了十八日的夜里，是每年白云观最热闹、最神秘也最滑稽的一夜。有些痴心妄想结仙缘的人，便整夜住在观中，甚至整夜不睡，黑黝黝地在观中偏僻的地方兜来兜去，一心想突然间遇到一位神仙，超度他飞升，因而观里的一些滑头道士，便也装作种种怪样子，或者方巾道袍，特别潇洒；或者麻鞋竹杖，特别龙钟；或邋邋遢遢，特别肮脏，躲在黑暗角落里，来愚弄人，敲点小竹杠，问你化点缘，名义上是试试你的心诚不诚。所以得硕亭《京都竹枝词》中写道：

> 绕过元宵未数天，白云观里会神仙。
>
> 沿途多少真人降，个个真人只要钱。

因为会神仙这天，正是白云观老道赚钱的好机会，化装成各式各样乞丐要小钱的那就更多了。这种情况，也早在明代就有了。刘同人《帝京景物略》中就曾有过"相传是日，真人必来，或化冠绅，或化游士冶女，或化乞丐。故羽士十百，结圜松下，冀幸一遇之"的记载。可惜的是，白云观中的凡夫俗子们，会了三百多年神仙，并没有遇到过一个真仙，只好叹"年年错过总无缘"了。

白云观（约1918年）

神仙虽然会不到，但金钱眼却可打得着，当年逛白云观"打金钱眼"是比"会神仙"更有趣的节目。白云观一进观门不远，横在正中白石引路上，模拟宫殿建筑，有一条三四丈长、丈许宽、丈许深的假金水河，底部并无水，全部是用青砖砌的，中间对着引路是一座石桥，桥栏杆和小河四周的栏杆，都是汉白玉的，雕镂也很精致，桥下有涵洞。白云观庙会一开，桥下涵洞中东西两头面朝外各坐一名老道，大布道袍道冠，闭目盘腿打坐，在他们头顶各悬一小钟，钟前又挂一大钱，漆成金色，中间钱孔大约二三寸见方，游人在正对桥孔的白石栏杆外，用铜钱遥掷，如果能穿过钱孔击中悬钟，锵然一声，那你这一年肯定要交好运气。试想这样有趣的游戏，又关系到一年的好运气，谁能不来一试呢？所以白云观最拥挤的地方，就是这打"金钱眼"的地方，汉白玉栏杆边人头济济，争着扔铜钱，一次打不中，再来一次，直到锵然一响，打中为止，才带着幸运的欢笑离去。打"金钱眼"，在清代用的都是当十大钱，清末直到辛亥之后，不用制钱了，都改用铜元打"金钱眼"，老道自然更加欢迎。后来铜元也不用了，"金钱眼"则照样打，老道在桥边设立了临时兑换处。随时按他们定的牌价卖给你铜元。年年白云观单只这一笔收入就很可观了。难为的是桥洞中每天打坐的那二位白胡子老道，实在要有点真功夫，每天天不亮就坐进去，直到晚上游客走得差不多时才能出来，大约有十四五个钟头，不吃不喝，不解大小便，盘腿打坐，纹丝不动，没有一点真功夫，能办得到吗？

道家的炼丹术是很神秘的，卷帙浩繁的《道藏》中，有不少这方面的记载，如用科学观点来看，这也是我国古代冶炼史的重要资料。可惜过去叫作"黄白术"，胡说是能用铅炼成白银。白云观开庙，不少梦想发财的人来进香上供、布施钱财，目的是想求"点铁成金"的黄白术。俞曲园《茶香室三钞》中记道："此日僧道辐辏，凡圣涸集，勋戚内臣，凡好黄白之术者，咸游此，访丹诀焉。"说的就是这种情况。另外白云观中有"十二生宿殿"，还有"迎顺星""点星宿"的故事。近人陈莲痕《京华春梦录》记云："自按芳龄，就所司岁神前，虔诚进香，名曰'点星宿'，樱口喃喃，殆皆祝早得如意郎君……"盖这和西湖边的月老祠一样，又要管离魂倩女的终身大事了。但这后两样，比起前两样，尤其比起打"金钱眼"的人来，那赶热闹的要少得多了。

▼ 阜成门（约1918年）

神仙的事是渺茫的、迷信的。白云观最值得思念的是骑小驴，在"的的"的驴背上，迎着春风，沿着阜成门外的土路去白云观，那才真是神仙般的梦呢。

春风吹大地

大 风

北京的大黄风是有名的，虽然稍感遗憾。但其豪迈的精神却是值得称许的。

钱穆老先生抗战时在成都华西坝教书，就常常向学生讲燕京旧事说："由城里坐车顶着西北风去燕园上课，风呼呼地吹到脸上，痛快呀……"可以想见其豪情了。

在旧历元旦过后，北京刮大黄风的季节就开始了。燕山脚下的老农谚语云："不刮春风地不开，不

▶ 尘土飞扬的大街（约1920年）

刮秋风籽不来。"郊外的土地，被冰雪覆盖着沉睡了一冬天，要被勇猛的大黄风吹开怀抱，开始为人间孕育五谷了。尽管大黄风刮得天昏地暗，但老农是深喜的，因为知道将有事于田畴了。而住在城里的人，这时却常常为风所扰，家居大风撼屋，几案之上，尽是黄土；出门黄沙扑面，走路困难，鼻子、眼窝都灌了尘土。这种风由立春前后刮起，断断续续刮到立夏之后。检阅咸丰十年（一八六〇年）《越缦堂日记》，三月初十记云："昧爽饕风发屋，终日扬沙。昼晦。黄涨天宇，万响奔吼，北地多疾风……"把大黄风形容得淋漓尽致。十一日又记云："终日风怒不息，日色惨淡，黄沙蔽空。"这样的大风连着刮，可以想见其威力了。查民国二、三年的《鲁迅日记》，年年二三月间，总是"风""大风""昙"的天气为多，真正风和日丽、淑气晴明的天气是不多的。

"月晕而风，础润而雨。"我小时候是在读苏老泉《辨奸论》时记牢的。在北京我特别体验了这两句中的上一句，我常常注意看月亮，是屡试不爽的。在正、二月有月亮的夜晚，常常可以看到月亮周围一个圆圈，老北京都知道，明天一定又是风天。北京的这种风往往是定时的。如果是天亮起风，那肯定要刮一天了。俗谚有"天亮起风，刮到点灯"的说法，这也是十分准确的。而更多的是上午好天，下午刮风。久住北京的人，特别有此经验，上午是艳阳高照，春意盎然，而吃过中饭，一会工夫，突然听到院里随便什么东西唿嗒一声，"啊，又起风了"。因此在北京春天常常听到人说："要去早点啊，看这天儿说不定下半晌儿要起风！"这正像江南人常说的："要去好稍去，当心后半日要落雨。"自然条件也使人们在生活中养成了不同但又类似的经验和语言，愁风愁雨，也是十分有趣的了。

北京旧时代路政不修，柏油马路少，土路多，因而刮风时最大的坏处就是尘土飞扬，不是"大风起兮云飞扬"，而是"大风起兮尘飞扬"，这就需要戴防风眼镜。早在明清两代，就有了类似的东西，文人叫"眼罩"，俗名"鬼眼睛"。乾隆时汪启淑《水曹清暇录》记云："正阳门前多卖眼罩，轻纱为之，盖以蔽烈日风沙。"这种眼罩后来为玻璃风镜所代替了，如果哪里发现一个即使送到博物馆，人们可能也不知做什么用了。北京近代自行车普及的较早，三十年代中不少女学生都骑车上学，春天迎风骑车，头上多蒙一方纱，人低头用力踏车前进，而面纱被风吹着向后飞扬，翩然翼然，人们称之为"飞霞装"，这种装束一直持续到现在，也该真是燕市风中春色吧。从蒙古草原吹来的大黄风，一直吹到燕山脚下，吹开了冻土，吹发了草芽，吹醒了柳眼，吹笑了桃花，吹起了昆明湖的波涛，吹白了紫禁城的宫娥的鬓发……千百年来，年年它吹来了春天，又吹走了春天。年年岁岁，吹到了我们今天。

北京春天的大风，大地喜欢它，老农喜欢它，游子怀念它，"月是故乡明"，风——也是故乡的深入人心啊！

端午小景

端　午

北京端午（也叫端五）节是大节，又是初夏风光最好的时候。清人《一岁货声》"五月"有一条写道：

> 供佛的哎桑椹来——大樱桃来，好蒲子，好艾子，江米儿的、小枣儿的、凉凉儿的——大粽子来——哎……神符。（注：这种市声，音节抑扬，长短断续，很难标点。）

这一大串北京胡同里的五月端阳的叫卖声，既有音乐感又有节令感，直到今天，在我耳畔，似乎还余音袅袅，绕梁不绝呢。

端午节是古代的"天中节"，南北各地都流行吃粽子，北京当然也不例外，但有一点不同，北京粽子只凉吃，不热吃；而江南粽子则多热吃，少凉吃。再者北京只包红枣粽子，从来不会包肉粽、豆沙粽、豆瓣粽的。这是与江南迥乎不相同的，所以《货声》中喊的是"江米儿的、小枣儿的、凉凉儿的——大粽子"。吃粽子重在"凉凉的"，这在江南人或许无法理解，但对北地人却是别有风味的啊！这种风味就在于糯米凉糕。元人欧阳原功五月《渔家傲》词云："凉糕时候秋生榻。"可见北京人吃凉的糯米食品是向有传统的。

老实说，在端午节的食品中，北京的江米小枣大粽子，并不是全国最好的粽子，嘉兴肉粽、广州豆沙粽都远比北京小枣粽子好吃得多，但是北京却另有一样端午节的应节食品，十分好吃，那倒是别的地方所没有的，很值得一提，那就是"五毒饼"。

饼而名"五毒"，这已是外地人想不到的了，而这"五毒"则又是蝎子、蛇、蛤蟆、蜈蚣、蝎虎子等五样丑恶的东西，这岂不更可怕吗？其实说起来会哑然失笑。因为五毒饼实际就是玫瑰饼。用香喷喷、甜滋滋的玫瑰花瓣捣成娇红的玫瑰酱，加蜂蜜和好白糖等熬稀，加松仁等果料，调成馅子，做成雪白的翻毛酥皮饼，上面盖上鲜红的"五毒"形象的印子，这便是《京都风俗志》所说的"馈送亲友，称为上品"的五毒饼。这样的滋味佳美、色彩鲜艳而又富有浪漫主义想象，以"五毒"命名的饼饵，难道不是最好的艺术创造吗？当然，这五毒也是有来历的，来源于道家。清初庞垲《长安杂兴》诗云："一粒丹砂九节蒲，金鱼池上酒重沽。天坛道士酬佳节，亲送真人五毒图。"这写的是端午风光，也是五毒饼的来历。所谓"五毒"，是古代讲求卫生的一种措施，因为天气渐热，各种毒虫要出来，所以要采取预防办法。刘侗《帝京景物略》说："插门以艾，涂耳鼻以雄黄，曰避毒虫。""五毒饼"是人把五毒吃了下去，当然它不能毒人了。滑稽而又风趣。

不过话又说回来，端午节虽然门插蒲艾，臂系彩丝，再加江米小枣大粽子、五毒饼等等，似乎这样的佳节又有好玩的，又有好吃的，十分美好了，但却不要忘了当年这也是一"关"——即一年中偿还债务的"三大节"之一。当年日常生活，柴米油盐，平日都是记账赊购，三节即端阳、中秋、除夕还账。过节固然高兴，但筹借款项还各种"节账"却是令人伤脑筋的事。《都门杂咏》端阳云：

> 樱桃桑椹与菖蒲，更买雄黄酒一壶。
>
> 门外高悬黄纸帖，都疑账主怕灵符。

"灵符"就是《一岁货声》中最后所说的"神符"，即"钟馗像"之类的东西，贴在门口，也挡不住来要节账的债主，这是当年端午节的苦恼。如今自然没有，就只剩下端阳节的欢乐了。

民间文学作品，常常反映了各个时代极为生动的民间岁时风俗，这种资料，比文人学士的作品还要生动。清末"百本张"岔曲《端阳节》云：

> 五月端五街前卖神符，女儿节令把雄黄酒沾、樱桃、桑椹、粽子、五毒，一朵朵似火榴花开瑞树，一枝枝艾叶菖蒲悬门户，孩子们头上写个王老虎，姑娘们鬓边斜簪五色绫蝠。

这支曲子是无名氏的作品（"百本张"是出版者，非作者），写得多么漂亮！五毒一词，与粽子并列，现在一般人就不理解了。说的就是五毒饼。另有桑椹，北京讲究五月端午吃黑色桑椹，说是吃了黑色桑椹，夏天不沾苍蝇，这也是传统的说法，考其原始，也很难知道其道理了。

节赏·耍青

北京人历来就十分重视过端午节，俗语就叫作五月节，把它和八月节——中秋，正月初一过大年，并称为"三大节"。这三大节不只是游赏宴乐的节日，也

▼ 端午时贴天师符、插菖蒲

▼ 五毒符

▼ 辟邪剪纸

是经济上结算的日子。商店中要结算，要收账；住家户要还"节账"。另外机关的差役，家中的佣人，常去吃饭的饭馆的跑堂，常去看戏的戏园子的看座的，都要给以开赏，谓之"节赏"。如果还不起节账，开销不出节赏，就叫作"过不去节"，就得想办法借钱过节。《越缦堂日记》咸丰十年端午日记云："还各店债，付芷郎钱六十吊……借得叔子京蚨满五十吊，付仆从节犒四十吊。"这位大名士，旧京官的李慈铭老爷，当年就是经常过不去节，要借钱来开销节账和节赏的。

清代的穷京官，如翰林院、国子监、礼部、兵部等等，俸银俸米都很少，又没有什么大权，外快相对也少，而平日开支甚大，外面买煤、买米、买菜，一律立折子赊账，连看戏、吃花酒等正当及不正当娱乐，都是不付现钱，一律赊账，平日花天酒地，随意作阔，但一到节下，就要发愁打饥荒了。因而当年不少京官，平日靠赊欠借贷过日子的，一到节下就分外忙碌。不过端午节是一年中第一个大节，实在周转不灵，还可以向债主子说句好话，推到下节，不过有些节赏是非付不可的。因而目空一切的李慈铭，也不得不借钱付"仆从节犒"了。

北京的端午节，正是榴花照眼、新绿宜人、不冷不热的好季节，正是外出游耍的好时候。北京没有大江大河，历来都没有龙舟竞渡的风俗，可是端午外出游耍，却一向都十分盛行。而且游耍的地方也很多，如天坛、金鱼池、满井、高粱桥等处，都是游人集中的地方。所谓"为地不同，饮醵熙游也同"。这些游耍胜地，现在除去天坛而外，其他地方基本上都不存在了。这里稍作介绍，聊存春明掌故吧。

金鱼池在天坛北，是金代的鱼藻池。《燕都游览志》记云："鱼藻池在崇文门外西南，俗呼曰金鱼池，畜养朱鱼以供市易。都人入夏至端午结篷列肆，狂歌轰饮于秽流之上，以为愉快。"前人记载金鱼池的诗文很多，都把金鱼池说得十分美妙，可是几十年前看到的金鱼池却都是一汪臭水，及至读到《日下旧闻考》所引明初孙国敕《游览志》文字，说到"轰饮于秽流之上"，才哑然失笑，金鱼池大概从古就是浊流了。

所以读到前人的文字记载，也不能完全偏信，本来是很脏的地方，形诸文字时却写得十分漂亮，迷惑了许多后来的人，发了许多无聊的感慨。从金鱼池自明代初年就是秽流这件事情，也可以悟出不少道理来。

如果说金鱼池是污浊的地方，那满井、高粱桥的确都是好地方。满井，明人袁宏道的《满井游记》曾经生动地介绍过，不过后来人们很少去了。高粱桥则是两水夹堤，垂杨十里，从明代到前几十年，一直是好玩的所在，只是后来可供游玩的地方多起来，也就没有人再去欣赏这野趣了。而且后来端午节出游，也不再列入重要项目。在北京的生活中，所谓"耍青去，送青回"（彭蕴章端五诗，见《松风阁诗钞》）的风俗已慢慢地消失了。

入夏数伏

夏　日

有一年初夏，大约是六月中旬吧，客居沪上，江南正是梅雨天气，穿很厚的长袖子衬衫一点也不觉得热，而接友人信，说北京城六月中旬已经大热，已经出现三十七度的高温了。想想真感到有点汗流浃背，如果居住条件不好，住在四合院的一间小东房内，下午大太阳一晒，屋里真有点呆不住人了。如果说给外地人听，似乎北京要比南方还热，那样人家是不会相信的。不过北京夏天在历史上的确曾创造热的记录，一九四二年夏天，就曾出现过摄氏四十二度的高温天气。这在江南也不能不说是十分炎热的天气罢。

北京虽说是北方大平原上的城市，但往西北两面走不了多远，就是连绵不断的大山，燕山山脉接连着太行山脉；而东南走出一百公里就是大海，这就使北京的气候，又沾一点海洋性，冷热较适宜，雨量也充足，对植物生长说来是非常好的。

在北京居住过的南方人，都有一个普遍的感觉，就是北京没有"春天"，穿夹衣的时间极短，似乎一脱棉袄，就穿单小褂了。江南的"半臂轻寒"的漫长春天在北京是没有的，"梅子黄时雨"的黄梅天气北京也是没有的。在北京，五月端午一过，说热就热，天气一下子就热了。阳历五六月间，即阴历四五月中，在江南，正是弄寒弄暖的天气，所谓"作天难作四月天，蚕要温暖麦要寒，插秧的老哥要落雨，采桑的娘子要晴天"。江南差不多穿一件薄羊毛衫的天气可以持续两个月，而在北京则很少用得到。北京一入六月，就完全是夏天的感觉，即使不是特别热，只要一件衬衫就行了，晌午时孩子们可以光脊梁了。

闲翻李慈铭咸丰十年（一八六○年）的《越缦堂日记》，四月十三日，就记着"晴热"了。十四记着："晴、热，始着单。"五月初二记"大热"。十一日记"郁闷异常"。六月初一记"热甚"。初二记"炎暑顿甚，昼睡一时许，热甚"。初四记"连日炎燠"。李越缦是绍兴人，是生长在热的地方的人，但往北走了三千多里，也没有感到凉快，还是热。所引作为北京气候史料，也可以看出北京热得是很早了。

北京历史上最热的天气，常常出现在六月份，如前说一九四二年夏热到四十二度，日期就是六月十三日。因此六月的天气，出现三十四五度的天气，不算稀奇。而同样的时间，上海的气温最高也只在二十六七度之间，基本上历年如此。偶有三十度以上的天气，那已是极稀少的了。论纬度，北京近北纬四十度，上海只在三十一度多，而一般在六月份天气，却是北方较热，而南方较凉了，这不是很怪吗？其实不怪，江南霉期早而长，阴雨多，所以气温低；北京霉期晚而短，一般在阳历七月底八月初，阴雨十几二十天，空气潮湿，气压低，不多久就过去了。人说北京没有"霉天"是不确切的。只是不长，不明显罢了。

不过北京的热，有三个特征，一是昼夜温差大，相差约十至十五度，因而白天尽管汗流浃背，晚上睡觉照样可以盖被子。二是"一雨便成秋"，一下雨或者一连阴雨天，马上就凉，而且很凉。《越缦堂日记》五月十六日记云："夜雨声凄密达旦不止，凉甚如八九月。"六月十二日记云："阴，凉可夹衣。"这都是明证。在小时记忆中，这种天气是很多的，光脊梁穿夹袄，抱着膀子还感到凉，在大六月里，也是常事。三是凉得早，阳历九月间，江南还正是炎暑蒸人的"秋老虎"天气，而北京则已经有些"豆叶黄，秋风凉"，早晚要穿毛衣了。

伏　天

我国古代历法有伏天的推算，直到今天民间还讲究"三伏"。这是自秦代以来的很古老的说法。《汉书·郊祀志》中有明确的记载。注中说："六月伏日也，周时无，至此（指秦代）乃有之。"颜师古注说："阴气将起，迫于残阳而未得升，故为藏伏，因名伏日也。"伏天的说法，南北是一致的。据清顾禄《清嘉录》记载："从夏至日起第三庚为初伏，第四庚为中伏，立秋后初庚为末伏，谓之三伏天。"北京伏天也是这样计算。俗语云："冷在三九，热在三伏。"北京伏天里最热也可以到摄氏三十六七度，炎暑流金，在生活上必然也形成了不少安排过热天的习惯和讲究。北京气候高爽，没有江南五月那样的"黄梅天"，但伏里常有连阴雨，老房子也不免潮湿，因此也要定期晒晒衣物。刘侗《帝京景物略》云："六月六日，晒銮驾，民间亦晒其衣物，老儒破书，贫女敝缊，反覆勤日光，晡乃收。""銮驾"是皇帝的仪仗车驾，刘侗把它与"老儒破书，贫女敝缊"对照来写，十分有趣。这是有意安排，是从"南阮、北阮"，晒"犊鼻裈"的故事演化而来。所谓"未能免俗"，实际则是傲视富贵，傲视权势和君王的，这种地方，颇可显示这个麻城人的骨气，也可显示晚明小品的价值。话说远了，还是说伏中的故事吧：这天国家史馆"皇史宬"（在南池子，现在还在）要晒各朝的"实录"；各大寺庙，如善果寺、慈仁寺，要晒佛经，有的还要举行"晒经会"。

伏中都要穿极薄的夏衣，所谓轻衫纨扇。《春明采风志》云："自初伏日，换万丝冠、葛纱袍、亮纱褂，凡御前差免褂。"这是清代大臣和京官的夏装。而一般民间，伏天衣着也颇讲究。当年有所谓"莲花大少"的说法，就是说冬天高级衣着，如皮货等，比较贵，而夏天单衣服，即使是好料子的也比较便宜。爱漂亮而又并非富裕的小伙子，做件"熟罗"大褂，穿起来也就飘飘然像个"阔少爷"了。只重衣冠不重人，从这俗谚中也可以看出旧时社会上势利眼的风尚。

天气越热，越要讲究卫生。要勤于沐浴。《野获编》云："妇女多于是日沐发，谓沐之则不腻不垢。"要饮"暑汤"，用"苏叶""甘草"等草药煎汤喝。伏天食物，有的人家伏里不吃豆腐；有的干脆吃素，一伏天不吃肉，因天气太热，豆腐易于发馊，肉容易变味、发臭。吃东西尤其讲究清洁，但也要注意营养。俗语云："头伏饽饽二伏面，三伏烙饼摊鸡蛋。"饽饽就是水饺，伏里水饺不吃肉馅，吃素馅，如用干菠菜、虾米仁、粉条、蛋皮等做馅，又好吃，又干净。二伏面，照《酌中志》云："吃过水面，嚼银苗菜，即藕之新嫩秧也。"最普通的是芝麻酱拌面，再调以酱油、香油、花椒熟油拼的"三合油"，拌上黄瓜丝、绿豆芽。烙饼一般都是家常饼，佐以摊鸡蛋（不同于清炒蛋，即上海人所谓焖蛋，炒锅中多放油，文火，不搅碎，一面黄时翻一面，略烤即可），又简单，又爽洁，不失营养。过去家中人口多的，伏里还要自己晒酱，用曲、麸皮、黄豆加料晒成的黄酱，真材实料，味道鲜美，不知要比店里买的好吃多少倍。生活是一种艺术，作了上千年都城的北京，其家人生活是精通这一艺术的。

居住的房屋，在伏天也有特殊的情调。北京人住家，即使是简陋的小三合院的两三间棋盘心（四周有片瓦，中间灰棚）房子，到了夏天简陋的木窗上也要糊上冷布，挂上旧竹帘子，屋中有点透明感，生点凉意。

在屋中透过窗户，可以看天上的白云，檐头的绿树；透过竹帘，可以看见窗下的花草，檐头跳下来觅食的麻雀。伏中阴雨不定，片云可以致雨，忽然隔着檐子看见院中"噼里啪啦"，掉大雨点了……一阵好雨，一会工夫过去了。隔着帘子，又可看院中的积水，东屋墙角一抹金色的斜阳，照亮院中被雨洗过的绿意，偶一抬头，隔着冷布，望见东面蓝天出虹了……

夏雨雨人

六月连阴

古人云："春风风人，夏雨雨人。"雨，从古至今，都密切关系着人民的生活。北京，一年雨水不多，但下得较集中，这正符合古语的意义。农历六月是大雨时行的时候，京畿老农谣语云："有钱难买五月旱，六月连阴吃饱饭。"盖五月间苗初出土，正在分苗、耘田、锄草的时候，雨水一多，嫩苗容易烂死，野草反而易长，所以越旱越好。但到六七月间，三伏炎暑，则雨是越大越好。头、二、三伏中，大雨过后，大田里都是水，红太阳又猛照着，高粱、玉米大绿叶子上都是湿漉漉的水珠，老农横着锹，钻进庄稼地里，虽然闷热蒸人，但在那肃静的田野中，听着高粱、玉米"噼噼啪啪"雨后猛长的拔节声，好像听着大地之母的温馨密语一样，止不住心里乐开花了……

北京常年降雨量，平均在四五百毫米之间，而三分之二以上的雨是六七月间降落的。二十几年前，第一次携内子到北京，正是旧历六月底、七月初，在北京住了两个星期，天天冒着瓢泼大雨出去逛，天天湿淋淋的弄得十分狼狈，逛颐和园那天，去时虽未下雨，而一进园子，雨就来了。北京的雨有个特征，夏天雷雨都是过午之后下的，一会儿会雨过天晴，如果是一早下，那肯定是一天。这天

▶ 颐和园长廊（约1920年）

起得早，到颐和园时也不过上午八点多钟，雨就来了，这样逛了一天颐和园，也溜溜儿下了一天雨。虽然说站在智慧海前，下望雨中的昆明湖，是难得的奇景，但对一个从上海赶到北京做短期旅游的人说来，淋着大雨逛颐和园，究竟不是美好的记忆，因之后来内子回到南方逢人便说，北京雨水比南方多，随便如何解释都没有用，再也扭转不了这个看法。

在北京，"黄梅时节家家雨"的季节是没有的，"帘外雨潺潺，春意阑珊"的境界，也是难得遇到的。所谓"梧桐更兼细雨，到黄昏点点滴滴"的闷人天气也是少有的。北京的雨，是凉爽的雨。北京伏天，片云可以致雨，不但来得大，而且来得猛，来得快。"早看东南，晚看西北"，闷热一天，下午两点钟一过，西北天边一丝雨云，凉飙一卷，马上就是乌云滚滚，倾盆大雨来了。这时要赶紧找地方躲雨，不然几分钟内，就要淋成"落汤鸡"。旧时单弦演员荣剑尘常唱一个"岔曲"叫《风雨归舟》，有几句道："西北天边风雷起，霎时间乌云滚滚黑漫漫……哗啦啦大雨赛个涌泉。"说来都是北京的雨景，的确生动。

在北京上过学的人都该有鲜明的记忆吧？大雨时行的季节，也正是忙于考学校的时候。那时暑假升学考试，是一个学校、一个学校地考，并不像现在那样统考。因而当年如初中升高中，考师大附中、四中、育英、汇文四个学校，就要考四趟，一趟两天，便是八天，这八天中常常会遇上几场雨。在记忆中冒雨去参加入学考试，那是常有的事。三十年代中，北大有一年入学考试国文作文题是《雨天》，考时正下大雨，一位考生文章结尾道："我来考贵校，适逢此时，适逢此题，真是'天作之合'，如蒙录取，岂非'天定良缘'乎？"这么多年过去了，这位"天定良缘"的仁兄不知现在天涯何处。如果健在，也是年近古稀的老人了，当时的雨景，应该还记忆犹新吧。

苦　雨

落雨是自然现象，但却时时关系到人的情绪，"油然作云，沛然作雨"，是喜雨；"空山新雨后，天气晚来秋"，是好雨；"绕屋是芭蕉，一枕黄昏雨"，是诗人的雨；"到黄昏，点点滴滴，这次第怎一个愁字了得"，这是离人的雨，而这还不关系到雨量的多少大小。如果"屋漏偏遭连夜雨"，雨下得过了头，那就更苦了，不要说闹水灾，即使弄得屋里屋外全是水，那也不大好受。

北京一年到头少雨，但夏末秋初，则雨水淋涝不断，几乎一年的雨都集中到六七月来下。一个短时期内雨这样多，下水道来不及流，便到处聚水，胡同里，院子里，常常是一阵大雨过后，便成为一个小池塘。《红楼梦》写怡红院中在下完大雨后，堵住水道，关住门，水聚在院子里，把花野鸭子缚住翅膀放在水中凫水玩，写得极为热闹。这很明显的是北京的景象。如果在苏州，天井里一般就不会聚水，房前房后都是河，雨水很快就流光了。而北京则不然。岂明老人昔时名其书屋曰"苦雨斋"，实际上八道湾的房子是很大的院子，前院是大四合，但下完大雨照样满院积水，所以谓之"苦雨"。小时作文，常写谈雨的小文，光阴荏苒，今年又到了大雨时行之际，不禁又想起北京的雨来。

北京近百余年来，有记载的大雨，最大一次是一八九〇年，即光绪十六年庚寅的大雨，足足下了四十天，永定河的水漫过卢沟桥，城里大街小巷全是水，浅的二三尺，最深处可到六七尺，永定门、南西门（即右安门）外，都是水。不得已关了城门挡水。宣武门地势低，后来水壅住城门不能开，只好从顺城街象坊桥的象坊中牵出两头大象，才拥开城门，这成为北京早年间一桩很著名的趣闻。

有人在笔记中引用了一封王仁堪写给张之洞的信，正说到这年的大雨。信中说：

> 壶公前辈大人座下，午节得电……都门淫潦，屋壁皆颓。同人唯莲生、仲弢住屋未漏，敝居六十余间，几无片席干处，修葺墙宇，整比书帖，近始复旧……

王仁堪是光绪三年（一八七七年）丁丑状元，后来做过镇江、苏州知府，是很有名的。(莲生是王廉生、仲弢是陈宝琛，当时所谓"清流"。)写信时做京官，住六十多间房的大宅子，等于三进大四合院，大雨之后，照样漏得一塌糊涂，可见北京大雨的厉害了。北京一般四合院，有两点特殊的：一是墙壁大部分不是整砖砌的。过去谚语："北京城有三宝……碎砖头垒墙墙不倒。"这是外地人很难想象的。除去王府以及特别讲究的磨砖房屋而外，其他大部分都是碎砖砌的，而且不用石灰砌，用掺了石灰的泥，叫作"碴灰泥"砌碎砖。这种墙壁，雨稍微一大，便要一大片、一大片地坍下来了。再有屋瓦下面也是泥，不像南方平铺片瓦，不用泥粘。而且坡度小，水流不急。雨水一大，把屋瓦的下面泥都浸软，自然要漏得一塌糊涂了。

屋漏是十分苦恼的，住在高大洋式楼房中感觉不到，如住在旧式老屋或简陋的平房里，夏天大雨来临之前，如不及早为之备，勾抹一下房顶，到了雷雨季节，房顶一漏，就很伤脑筋了。而且漏处越漏越大，越漏越多，真所谓"外面大下，里头小下；外面不下，里头滴答"了。前些年回京，宣南寓所室外搭的厨房漏了，正在雨季，漏时用脸盆等物盛水，叮咚有声，悦耳可听。我躺在床上，三天两头听着屋漏雨声，曾有诗云：

> 屋漏翻疑鼓板声，中宵倚枕总关情。
>
> 宣南未醒秋窗梦，蓟北曾闻玉女筝。
>
> 送夏金风期雨后，迎凉天气待新晴。
>
> 少陵广厦原奢话，陋巷箪瓢未可轻。

说着屋漏的苦恼，最后却以此诗作结，这倒应了一句老话：真有些黄柏木底下弹弦子，苦中作乐了。

夏虫京华梦

知　了

我爱过北京的夏天，也很爱北京夏天的某些可爱的昆虫。

在闲中常常想起一句话，道是"夏虫不可以语冰"。到了夏天，昆虫类的小动物不免多起来，虽然有的生命很短暂，但是也足以点缀夏景，丰富人间的情趣。

我思念北京，我也思念北京的夏虫。

经常在我的忆念中的，是那嘹亮的蝉鸣。蝉声是特别能打动诗人心扉的。"西陆蝉声唱，南冠客思深。

那堪玄鬓影，来对白头吟"，这是一种意境；"倚杖柴门外，临风听暮蝉"，这是一种意境；昔人写试帖诗有句云："知了知春了。"塾师批道：很有情趣。这又是一种意境。躺在小小四合院的北屋里，午梦初回，睡眼惺忪，透过大方格木窗棂上新糊的冷布，望着荫屋的古槐，这时那嘹亮的蝉声正在欢噪，像海潮般地冲击着你的耳鼓，似乎天地间都被这种声浪填满了。这也是一种意境。而这种意境，住在新式楼房里，你还能领略得到吗？

北京方言习惯上把蝉叫"知了"，这种东西也怪，特别喜欢炎热，天气越热它叫得越凶。在北京夏天，早上起来，一听有噪耳的蝉声，不用问，今儿个肯定又是一个大热天。

在北京最好的听蝉的地方，在中山公园来今雨轩。盛夏午后，在边上找个座位，沏上一壶茶，往大藤椅上一靠，眯起眼来，你就听吧。这时赤日炎炎，槐影斑斑，不闻私语，但听蝉鸣，沙沙——一股劲地向你袭来，音波的海浪，像要把你浮动起来一样。夏日阴晴不定，一个霹雷之后，大雨瓢泼而下，这时蝉声顿歇，那成千上万的知了，似乎一下子都没有了。可不过一会工夫，雨过天晴，斜阳照处，槐叶上挂满了闪光的水珠；一弯霓虹，挂在端门金黄琉璃瓦檐角后的蓝天上，这时，突然所有的知了，又齐声歌唱了……

清陈淏子《花镜》中说："生有五德，饥吸晨风，廉也；渴饮朝露，洁也；应时长鸣，信也；不为雀啄，智也；首垂玄缕，礼也。"

其所论又是以道德观点赞赏知了了。但我所爱的还只是它的鸣声，蝉名蜩，《庄子》上有"伛偻承蜩"的故事，直到我小时，北京小朋友还按这古老的办法捉知了，不过我不喜欢玩这个，在记忆中未留下深刻的印象。

知了之外，是蜻蜓，在我到过的地方中，似乎记得没有一个地方比得上北京的蜻蜓多。盛夏时，只要稍微有点雨意，院子中马上便会飞来数不清的蜻蜓，忽而往东，忽而往西，速度极快。北京儿童捉蜻蜓的乐趣，说来绝不亚于捉知了，在蜻蜓多的时候，孩子们可以一大把、一大把地捉到（一双手能够拿好多蜻蜓，所以叫一大把）。

大孩子们用竹枝编个圆圈，结个网子，迎头一兜就是一个，捉起来极为

▶（元）王渊《蜻蜓图》

方便。而小小孩，不会编网子，便轻手轻脚捉落在花草上的蜻蜓。旧时京寓屋外有些花草，午睡醒来，常常听到外面窃窃私语。隔着竹帘一看，原来是邻院两个三五岁的小姑娘在轻轻地捉花上的蜻蜓呢。一个捉不到，一个在边上轻轻地埋怨，一个又细声地怪她惊动了蜻蜓……

蜻蜓之外，我还思念着那小小的萤火虫，"轻罗小扇扑流萤"，如今住在多少层的高楼中的人，是做梦也梦不到这种飘渺的意境的。小时在京住在一座树木葱茂、蔚然成林的院子里，夏夜乘凉，就在那一小片树

林的边上，望着那黑黝黝的林木中，闪动着数不清的小亮灯笼，听着母亲讲说着她小时候经历过的"红灯罩"的故事，似乎那黑黝黝的林木中，真会跳出一个打着小灯笼的一身红的姑娘……

乞巧月令篇

入　秋

　　北京立秋前后，乞巧时候，总要有一两场好雨，早晚凉意顿生，其感受是极为宜人的。前些年夏天回北京，十分炎热，几天之后，得了一场好雨，新凉乍生，快意无限，便情不自禁，写了一首五言诗道：

　　　　炎暑几日蒸，一雨新凉乍。劳人时梦远，听雨宣南夜。
　　　　朝来天似洗，清风盈庭厦。隔帘两三花，牵牛娇如画。

散策陋巷行，幽思大可话。街槐花犹香，墙枣已满挂。

居近南西门，胜地人曾写。古寺龙爪槐，酒家余芳舍。

稍远枣花寺，千年过车马。俯仰迹皆陈，于今知者寡。

东市起高楼，西巷余断瓦。倚杖立苍茫，街景亦潇洒。

顾盼感流光，蝉鸣又一夏。安得逢耦叟，相与说禾稼。

这便是夏末秋初，得雨后，新凉乍生的情景。以后便每下一场雨，便加深一重凉意，所以俗语说："一场秋雨一场寒，十场秋雨要穿棉。"不过一般年头里，由立秋算起，经过立秋、处暑、白露、秋分、寒露、霜降几个节气，能够下十场雨的时候是不多的。所谓"点点不离杨柳外，声声只在芭蕉里"；所谓"纱窗外，斜风细雨，一阵轻寒"，这样意境，在北京是很难遇到的。秋瑾女士的名句"秋风秋雨愁煞人"，一

▼（清）吴昌硕《老菊疏篱图》

▼ （清）王时敏《秋山白云图》局部

般也只是江南多雨之乡的断肠句，在北京，是体会不到的。

北京秋天多是晴朗的天气，但是也有例外，如果遇到某一年秋天的雨水过多，这对城居和乡居的人说来，都不好。秋雨一多，必然气温过低，热既不好受，过凉，又湿又冷，就更不好受，同时易生病，更不利的是秋田禾稼。中秋以前，正在高粱发粒，谷穗灌浆长粒的时候，如果秋雨多，没有大太阳，那就灌浆不足，粒儿长不大。如果中秋以后，雨水很多，那也不好。那时秋收在望，地里的庄稼基本上都成熟了，一下雨，不但影响收割，而且一变天，气候转冷，便会有一场秋霜，庄稼在地里被霜一打，一下子就要影响当年的收成。昔人名句云"满城风雨近重阳"，重阳前后，北京秋高气爽，晴朗的天气较多，不过重阳节期间，如果有雨，那是非常好的，这时大田里的庄稼都收割了，人们正在开始秋耕翻地，如果下两场透雨，太阳已无威力，地里的水分蒸发较慢，不久大地冰封，把水分全部保存在泥土里，到明年开春，叱犊耕种时，地不干燥，便于下种，是大有好处的。当然我这里说的秋雨的好坏，也全是从有关农事的观点出发，因而考虑到秋雨的日子，早下晚下，是大不一样的。如果住在城里，不想到老农，那也就无所谓，只要不太多就可以了。

北京一年到头，除夏末秋初的雨季以外，其他时候，雨水都很少。一秋如果能得几场雨，是十分珍贵的。只不要在初秋时淫雨连绵不断，就好了。在中秋以后，下一场好秋雨，雨后出游，郊原如洗，西山妩媚，燕云徘徊，不要说去游览各处名胜，单只望望西山，看看燕云，就足以心旷神怡了。

不出门，在家里户外檐前，看看雨后的秋花，也是大有幽趣的。北京也能种芭蕉，但不多，种美人蕉者大有人在；如果能养几盆玉簪，夜间听秋雨滴在美人蕉或玉簪叶上的声响，也真像雨打芭蕉一样，足以敲碎游子的秋梦。秋雨后小院中的牵牛花、扁豆花、枣树、槐树都大可赏玩，这就是我前面诗中所吟的情景了。

秋　晒

小时候读旧书，读到"秋阳以曝之"一句，总感到有些奇怪，想着为什么不说"夏阳以曝之"呢？心想一年四季，夏天最热，怎么说秋阳呢？随着年龄增长，在生活中体验，感到的确是秋阳比夏阳厉害。照江南话说：即秋阳比夏阳结棍得多。翻过来，倒实在赞叹古人语言之准确，是深通物理的了。

北京的秋天来得早，比南方要早将近二十天或一个月左右，七月七，牛郎织女会七夕以后的日子里，一场透雨，天气马上凉起来，知了停止了鸣声，便意味着秋天来了。当然，炎热的天气，也不会马上撤退，还要杀一个"回马枪"，那便是俗话说的"秋老虎"，又叫作"秋后老来热"，这还是要热几天的。不过这个热，只是日中心和后半晌大太阳的时候热一阵子。

一般年头里，这秋阳也是十分厉害的。到了下午三四点钟，太阳还是十分强烈，晒在人身上火辣辣的。

但是不要紧，太阳一落山，马上便凉阴阴的了。

一入初秋，早晚之间凉快，夜里睡觉要盖薄被子。即使是白天，太阳地里和有遮阴的阴凉地方，温度起码也差五六度之多。这便是北京初秋天气的特征：早晚凉快，日中心里又特热。因而日中心穿背心还出汗，早晚之间，却要穿两件小褂，老年人甚至要穿夹袄了，所以说"二八月，乱穿衣"。

秋阳比夏阳的可畏，在于它照射角度的逐渐倾斜，时间更长，威力更大。即夏天中午及午后太阳垂直照的时间多，夏至过后，日照倾斜度越来越低，过去日光照不到的地方，现在照到了，被晒的时间长了，因而更炽热难挨了。一直到太阳威力一天天减低，那已秋深冬临了。

日中心及后半晌的太阳强烈地照射，对两种情况的人颇伤脑筋，一是对于在户外大太阳地里工作的人，的确是很大的威胁，因而一顶大草帽是少不了的。二是对于住在简陋东房的人家，浅堂窄屋，西晒起来那个热劲儿可真够呛的。而老式四合院，必然有三间东房，下午三四点钟，大太阳直射过来，如不搭天棚，不挂苇帘子，几乎就没有办法在屋子里呆，所以有"有钱不住东、南房，冬不暖来夏不凉"的谚语。南房上午虽然阴凉，但下午西北角的太阳也可照过来，一股热气，也颇有威力，比东房稍微好些，但也好不了多少，所以和东房并举了。

再有北京的热闹大街也奇怪，什么"东四、西单、

▶ 鼓楼东大街（约1920年）

鼓楼前、前门大街游艺园",几乎所有热闹去处,都是南北向的街。大街南北向,铺面必然就是东西向。而更奇怪者,不少街路东反而比路西热闹,如西单、王府井等处,路东的店铺,大太阳晒着,反而顾客拥来拥去,生意兴隆。这固然因为西单商场、东安市场都在路东,门朝西开。其实西单一带在未开辟商场之前,就是路东比较热闹了。那时马路东边接连不断搭着大天棚,以挡骄阳,过往行人也沾了光。而近年不见搭天棚,也未培育街树,大太阳里走在马路上,就十分够呛了。有一年夏天和一位上海朋友回北京,他在马路上走,受不住太阳的晒,就叫苦不迭,说北京比上海热,以后再不敢在夏秋之际来北京了。因而想到北京的马路建设,是否也应好好考虑一下遮阴问题呢?

秋阳之可畏,只在初秋,不过这只是说晒的人有些受不了,而对于农作物却是大有好处,庄稼正是灌浆壮粒的好时光。太阳晒得越厉害,庄稼的穗粒灌得越饱满,就可以大丰收了。一近中秋,阳光就不再可怕,待到重阳,阳光反而慢慢变得可爱起来了。

都城锦绣秋

秋　色

　　造化装点大地，以光芒、以色彩、以形状、以音响，影响到人，便耳遇之而成声，目遇之而为色了。北宋欧阳修写过一篇著名的《秋声赋》，便是以这一影响为基础而感发成篇的。因而想到，既有声，便应有色，忆及北京，则应该写一篇"秋色赋"。因为北京的秋，是色彩丰富的秋，是色彩绚丽的秋，由初秋到深秋，都是童话般的色彩的世界。

　　《燕都杂咏》注云："秋后斗蟋蟀，开场赌彩，街巷或书某处秋色可观。"当年的北京人是文绉绉的，明明是斗蛐蛐，争强好胜，赌钱斗彩，不说"有利可图"，或"一本万利，试试运气"，却说"秋色可观"，这是其他地方人所想象不到的雅言。那时在宣武门大街靠近菜市口的地方，有几家茶楼，每年秋天，都是专做这项生意的。一交七月，门上就用大红纸写上馆阁体的帖子"秋色可观"，以招引纨绔子弟，裙屐少年，抱着各式各样的蛐蛐罐，来这里一决雄雌，以博彩头了。

这是特别以"秋色"为号召的，但本身并不是色。我所说的秋色则是入目而缤纷，照人而灿烂的，红红绿绿的闪耀着光华的真正秋天的色彩，也可以说是北京秋天的色彩。

初秋时光，不必远去，就到中山公园后河沿上一坐，领受一下七月的秋色吧：蓝盈盈的天，白絮般的云，金光耀眼的故宫角楼宝顶，黄灿灿的闪光琉璃瓦顶，彩色的栋，朱红色柱子、门、窗，灰沉沉的布满了几何线条的紫禁城墙，筒子河中澄碧的水面映着这些倒影，像是充满了光感和水气感的一幅油画，身边笼罩着的是墨绿色、黑沉沉的老柏树的影子。往东再望着巍峨的黄瓦、红柱的五凤楼的高大的影子，在那黄色的琉璃鸳鸯瓦缝中，可能还长出几根草来。这是北京特有的凤阙龙楼的宫廷秋色，在别的地方是领略不到如此强烈的、感人的秋之色彩的啊！

随着秋意渐深，这些色彩也在渐渐地变化着。虽然紫禁城角楼的镏金宝顶是真的金铂装饰，而在初秋，骄阳照在宝顶上，使人目为之眩，但等到旧历九十月间，同样是阳光照耀，就感到淡淡的了。何况还有萧瑟的秋风，纷飞的黄叶呢！这时天色也不那么蓝了，云也泛着黄，不那么白了。沿着紫禁城墙下的一溜的老态龙钟的宫柳、宫槐，在燕山秋风的摇撼下，那浓密的叶子由绿变黄，由黄变落，披离了，凋零了，最后只剩下褐灰色的杈桠，与那灰沉沉的紫禁城墙，色彩倒似乎协调一致了。那角楼上的画栋雕梁，因为秋风尘土的吹打，似乎色彩也不那么鲜艳了，有些黯淡了。有一年深秋之际，和朋友坐在中山公园后河沿的露椅上，晒着秋阳，领略着这派深秋的秋色，觉得那老柏树的颜色也不是那么墨绿的，而蒙上一层灰色了。

我们坐得有些意兴阑珊，便走出公园后门。天已黄昏了，头顶阵阵乌鸦飞过，不禁想起《饮冰室诗话》中的诗句："帝子不来秋又至，乱鸦如叶拍宫墙。"这宫阙的秋色，历史的秋色，当年绚丽的色彩随着历史的推移，也都要褪尽了吧？

深秋时候，京华的秋色太浓了！

小　院

造化给人们以光泽和色彩，是公平的。宫阙红墙，秋风黄叶，宫廷有宫廷的绚烂秋色，百姓家也有百姓家的朴实、淡雅的秋色。在那靠近城根一带或南城下洼子一带偏僻的小胡同中，多是低低的小三合院的房子。房子是简陋的，不是灰棚（圈板瓦，中间仍是青灰），便是"棋盘心"（四周平铺一圈板瓦，中间仍是青灰），很少有大瓦房。开一个很小的街门。这种小院的风格，同京外各县农村中的农户差不多，真所谓是"此地在城如在野"了。

小院子的主人如果是一位健壮的汉子，瓦匠、木匠、花把式、卖切糕的……省吃俭用，攒下几个钱，七拼八凑弄个小院，弄三间灰棚住，也很不错。一进院门，种棵歪脖子枣树；北房山墙上，种两棵老倭瓜；屋门前，种点喇叭花、指甲草、野菊花、草茉莉……总之，都是一些常见的花花草草，秋风一起，那可就热闹了，会把小院点缀得五光十色，那真是"秋色可观"了。早晨，在朝阳的照耀下，好看；宿雨初晴，在水珠闪耀着晶莹的光芒下，好看。门口的歪脖子枣树，也许姿态不佳，那色彩却实在喜人，翠绿的叶子间，挂满了又红又绿的枣实，那真是惹人喜爱。再往房顶上看，几片大绿叶子，遮着几个朱红的、灰白泛青的、老黄的老倭瓜，在叶与瓜的中间，还留着三朵、两朵浅黄色的残花，其色彩之斑驳烂漫，更是住在高层公寓楼中的人难以想象的。虽在帝京，也饶有田家风味。至于那些盛开的花花草草，喇叭花的紫花白边，指甲草的娇红带粉，野菊花的黄如金盏，草茉莉的白花红点，俗名叫作"抓破脸儿"，还有那"一架秋风扁豆花"的淡紫色的星星点点……这些都是开在夏尾，盛在秋初，点缀的陋巷人家，秋色如画了。

当然，再有精致一点的小院，这种院子不是北城的深宅大院，而都在南城。"四破五"的南北屋，也就是四开间的面宽，盖成三正，两耳的小五间，东西屋非常入浅，但是整个小院格局完整，建筑精细，甚至都是磨砖对缝的呢。主人或是小古玩铺的掌柜，或是开家小药店，或是一位梨园行的二路角儿……砖墁院子，很整洁，不能乱种花草，不能乱拉南瓜藤，青瓦屋顶，整整齐齐，这个小院的秋色何在呢？北屋阶下左右花池子中，种了两株铁梗海棠，满树嘉果，粒粒都是半绿半红，压弯树枝，喜笑颜开。南屋屋檐下，几大盆玉簪，翠叶披离，似乎冒着油光，而雪白的花簪，更显其亭亭出尘。边上可能还有一两盆秋葵，淡黄的蝉翼般的花瓣，像是起舞的秋蝶……小院秋色也在迅速地变化着，待到那方格窗棂上的绿色冷布，换成雪白的东昌纸时，那已经是秋尽冬初了。

这些陋巷寒家或深巷小院的秋色，都足以引起异乡人的神思。几十年前，客居北京，租人家房子住，时时有被逼搬家的可能，因而也无经营花草的闲心。偶经陋巷，看见人家屋顶的朱红倭瓜，爬上墙头的牵牛花朵，伸出墙外的垂着朱红枣实的枣树权桠，真是艳羡不置。这几分秋色，在我的飘零梦寐之中，是多么绚丽的、温暖的、可爱的色彩啊！

街　头

陋巷寒门的秋色绚丽多姿，磨砖小院的秋色幽雅宜人，那城里的深宅大院的秋色又当如何呢？冯延巳词云："阶下寒声啼络纬，庭树金风，悄悄重门闭。"那深宅大院的秋色，都是庭院深深深几许，重门隔院，灯火楼台，又岂能轻易为外人所窥？所以还是不说也罢。还不如到街头巷尾，甚或闹市中心去看看呢。

秋天一到，北京街头色彩最为艳丽的要数果子摊了。《燕京岁时记》云："七月下旬，则枣实垂红，葡萄缀紫，担负者往往同卖。"清末两部讲北京风土的名书，在文字上富察敦崇的《燕京岁时记》似较震钧的《天咫偶闻》更为简俏，这"枣实垂红，葡萄缀紫"二语，色彩写得多么动人。果子摊上，玫瑰紫葡萄、马乳绿葡萄，刚上市的还泛着绿色的大鸭梨，慢慢上市的淡黄的京白梨，黄里透红娇艳的香果，叫人想起"今儿个是几儿来……您不买我这沙果、苹果、闻香的果儿来……"的甜蜜的叫卖声；还有那淡绿色蒙一点儿霜，又露着一点红脸的中国种的北山苹果，那是真香、真细腻、真甜、真好吃。但是自从洋种苹果传入，这种细皮嫩肉的北山苹果越来越少了。市上都是粗皮的，或是绿色的香蕉苹果，或是红色的国光等等，吃起来有点酸。这些苹果较之北山苹果产量高，易保存，合外路人的口味，可是老北京还是思念北山苹果，隔壁老太太就常埋怨："这是怎么回子事儿呀？连苹果都变味啦？"

秋果上市，报道燕山秋色的先声，首先轻轻抹上一笔，接着胡同口上，也有卖花红枣的车子了，那半红半绿，红绿斑斓的枣儿，也是秋色染红的。再在那已经抹上的色彩上增添一笔。这还不够呢！再接着随着天上的银河浮漾，那娇嫩的、粉红色的、轻盈的、飘着秋之梦的荷花灯在街头出现了，这更是点染秋之色彩的神来之笔啊！

随着八月节越来越近，那街头秋色也越来越绚丽了。不只有果，还有花呢。《春明采风志》云：

> 中秋临节，街市遍设果摊，雅尔梨、沙果梨、白梨、水梨、苹果、林檎、沙果、槟子、秋果、海棠、欧李、青柿、鲜枣、葡萄、晚桃、桃奴，又有带枝毛豆、果藕、红黄鸡冠花、西瓜。

这是何等的五光十色。不只此焉，除去巍巍然的红鸡冠花、黄鸡冠花外，还有金铠金甲、绿袍红袍、粉面红唇、威风十足的兔儿爷和兔儿奶奶呢。他们也都"端坐"街头，和果子摊上的秋果、猪肉杠、羊肉床子、红白相间的花糕般的猪羊肉，共同点缀着京华的绚丽秋色，秋的色彩中，少了这一笔重彩，也是不行的。

秋光大好，秋色宜人，如果你有兴趣，不妨再到陶然亭、窑台、银锭桥等处，从苍黄、雪白的芦花叶子、芦花茸的摇曳中，眺望一下西山山色，那山色也在随时变化着啊；由深而浅，由浅而红，等到倾城而出的游人，出没于白云红叶间的时候，那便是京华秋色的极致了。

重阳话到小阳春

九　花

我国养菊花是有着悠久的历史传统的。《礼记·月令》篇云："鞠有黄花。""鞠"通"菊"，可见从三千年前人们就重视养菊花了。自宋代而后，写"菊谱"的就有刘蒙泉、范至能、史正志、马泊州、王荟臣等数家之多，著录菊品多至三百余种，真可以说是洋洋大观了。北京人旧时一到秋天把看菊花和种菊花当作一件大事，不论穷富，都要看看菊花。有钱的人家，持螯对菊，喝菊花酒，扎菊花山子，吃菊花锅子，举行赛菊大会，赏菊大会。小户人家，小院中摆上几盆菊花，朝夕观赏。再贫苦的人家，住在大杂院中，门前一只破瓦盆，种一株黄菊，也可以朝夕相对，楚楚宜人。生活的情趣，本不是被权势豪门所独占的。

北京方言习惯上是把菊花叫作"九花"的。《京华百二竹枝词》诗云：

名类纷繁色色嘉，秋来芳菊最堪夸。

如何偏改幽人号？高唤街头卖九花。

其注云："都门菊花，种类颇多，满街高呼，助人秋兴。然称其名曰'九花'，殆以菊至九月盛开故也。"

这里把"九花"之名，说得十分清楚。文中有"满街高呼"一句，"呼"什么呢？就是说卖菊花的花担子特别多，满街叫卖。当年一到菊花季节，不但土地庙、隆福寺、护国寺各大庙会的花厂子门前都摆满了出售的菊花，而且花农也大量挑了到城里来卖，每天迎着朝阳，带着秋霜，从广安门、右安门一担担地挑了进来。都是草桥、丰台一带朴实的花农所种，而菊花也像花农一样的朴实，极易栽种，极易移植。花农卖菊花，有的连花盆也不用，担子挑的大扁平底柳条筐中，密密麻麻地摆着一棵棵的菊花，根部只是拳头大的一团护根土，买者捧回家去，栽到花盆中，稍微浇点水，过几天自然会开了。所以花农穿街走巷叫卖时的市声，不是"买菊花来"，而是：

"栽——九花哎——"

喊声抑扬而漫长，是要你"栽"，不是要你"买"。

北京旧时有关菊花的故事也是非常多的，如"花城"。明代《天启宫词》注记云：

> 好事者绕室列菊花数十层，后者轩，前者轾，望之若山坡然，五色绚烂、环围无隙，名曰花城。

又如"九花山子"。《燕京岁时记》云：

> 以九花数百盆，架庋广厦中，前轩后轾，望

之若山，曰九花山子。四面堆积者曰九花塔。

实际这都是一样的，都是以多为胜，蔚为壮观，后来中山公园年年开的菊花大会也都有这个，是不稀奇的。这些都不是名种菊，名种菊一般都是单茎独朵的多，北京俗语叫作"扦子菊"。所谓"扦子菊"，就是用插扦法培植的。就是在夏至前后，把嫩尖剪下，插入泥中，草本在一月内可以生根。种菊花除去插扦法外，菊花都是以白蒿接，把菊花嫩枝接在蒿子梗上。接时把断梗成斜切面削断，把薄面破成鸭嘴口，把菊枝削薄，插在鸭嘴口上，用马兰捆紧，二者自会长在一起了。不过这种菊花只能看一年，明年就不开了。过去中山公园年年开菊展时，这样培植的菊花约有四千多盆，争妍斗胜，名目繁多，真是不胜枚举了。但也都是只看一秋，明年再接。这种办法，在清初就非常盛行。乾、嘉时《燕台口号》竹枝词道：

> 黄菊枝枝接野蒿，花儿匠又试新刀。
> 人生不识仙源路，只合多栽夹竹桃。

诗后注云："北地以蒿接菊，不欲留美种也。"不过插扦、嫁接都不容易，高手变化无穷，使名菊品种越来越多。北京近代有京西蓝靛厂"扦子刘"，是艺菊的专门名家，再有新街口一带有一位刘契园老先生，养的菊花也是闻名遐迩的。

菊花到处都有，但我更爱的是九花，我永远思念着那一声动听的卖花声："栽——九花哎——"

红　叶

昔人诗云："停车坐爱枫林晚，霜叶红于二月花。"这是吟红叶的绝唱，一字不可更易，有位前辈，取后一句作书名，改"红于"二字为"红似"，不知是有意还是无意，因为这一改便完全不同了。这还不只是平仄失粘的问题，更重要的是诗的内容。"红于"者，红过也。层林尽染，漫山霜叶，其红远远地超过了二月的春花，一改为似了，就不形象了。因为春天的山花虽繁，但仍是嫩叶多于春花，其红总是较淡较稀，总是同漫山遍野的红叶无法比拟的。在北京看过香山红叶的人都记得，那三月里满山的桃杏花，又如何比满山霜叶呢？

重梅老人有年秋天大老远地从北京寄诗来，中间两联道：

> 又是怀人秋色里，忽然得句月明中。
> 新来最爱芦花白，兴至狂书柿叶红。

这不免触动了我的乡愁，又想起香山和西山八大处的红叶来了。江南的红叶，大都是看枫叶、乌桕叶，所以唐诗说枫林，那是长沙的岳麓山，而香山、西山看红叶，则大多是柿子树的叶子。所以重梅老人诗说"兴至狂书柿叶红"了。柿树南北方都有，俗语说柿树有"七德"，即一寿，二多阴，三无鸟巢，四无虫，五霜叶可玩，六嘉实，七落叶肥大。这第五霜叶可玩，说的就是红叶。枫叶经霜，叶子一般是大红朱红的；而柿叶经霜，最艳丽时，是深玫瑰红的，真是娇艳极了。

▶ 碧云寺（约20世纪初）

北京西山农家，大多种柿子树，红叶经霜之后，那极为艳丽的深色玫瑰红，因叶面有光，在秋阳照耀下，漫山遍野，闪闪发光，其烂漫是任何春光都无法比拟的。因而当年在北京，深秋到西山八大处、香山樱桃沟一带去游山看红叶，是最及时的赏心乐事。

过去秋天逛西山八大处也好，逛香山也好，逛碧云寺、樱桃沟等处也好，最有趣味的就是骑小驴。这种驴子非常小，几乎只有自行车那样高，都是香山、西山一带农村中农民养的，在秋天看红叶游客多的时候，在山脚下等生意，供人雇用骑了爬山。骑上这样的小驴，悠悠忽忽，穿行在山路的红叶之间，游的人固然有趣，远远望去更是美丽，空中特有的飘渺的蓝天，变幻的浮云，娇艳的秋阳，映着满山的斑斓，骑

▶ 崇文门外众多的驴车（约20世纪初）

小驴的人在霜林中若隐若现，时出时没，这样美丽的画面，简直不是文字所能形容的了。如果骑小驴逛香山，由静宜园门口骑驴，沿着大路，兜一圈下来，也不过两三个钟头吧。下来时，折一枝红叶，像春花一样持在手中，任小驴缓缓地下来，活画出一幅"访秋图"。

当然如果身强力壮的年轻小伙子，不愿意骑毛驴，那不妨一口气自己爬上山去，直奔香山的最高处鬼见愁，向下俯视那秋山红叶，更是一种奇景。年轻时和同学们习惯于骑自行车去香山、西山，把车存在山脚下，然后呼啸登山。最难忘的是归途中，每个人车把上都插一枝红叶，一路上秋风瑟瑟，红叶萧萧，说说笑笑，骑回城来，那种欢乐，确实难以形容的啊！

"兴至狂书柿叶红"，豪情犹在，最好在深秋时回趟北京；但不凑巧，回京总以夏天为多，这样便年年辜负西山红叶了，多么遗憾呢！

小阳春

我国南北各地，从农历来讲，都有"十月小阳春"的说法。《清嘉录》引蔡云吴歌云："花自偷开木自凋，小春时候景和韶。"这是苏州情况，北京说来也是一样的。这是因为重阳之后，秋雨已经基本结束，气温还不十分低，而晴天多，太阳光足，又没有到刮大风的时候，所以天气温和，又有春意，故有此说法。北京的农历十月一般都是好天气，地还没有上冻，虽然冷了，但还不算太冷，新棉袄上身，太阳晒在身上暖洋洋的。在郊野，收割了庄稼的土地上，早晚之间，有霜有雾，白蒙蒙的。到了中午，经太阳一晒，黑土还显得十分湿润，向阳处地头塍畔，草色又稍有返青。赶上秋末冬初气候特别暖时，山桃花还偶然会绽开一两个粉红色的花蕾，绰约枝头，我在苏园居住时，就遇到过好几回这种情景。因而京中也有"十月小阳春"的俗谚。

不过虽说是小阳春，也已到"履霜而坚冰至"的时候，活人要准备冬衣，思念逝去的亲人，要"烧寒衣"了。《燕台口号》有诗云：

寒衣好向孟冬烧，门外飞灰到远郊。
一串纸钱分送处，九原倘可认封包。

诗后注云："十月烧纸于门外，曰'烧寒衣'，纸钱银锭作大封套，上写其祖先某某收。"这自然是十分迷信、应该劝阻的事，但我一到十月，总也常常想到小时候母亲在家门口烧"包袱"、送"寒衣"的旧事。北京有"十月一，送寒衣"的谚语。这种风俗很古老，早在明代就有了，刘同人《帝京景物略》中写得很细致。所谓"识其姓字辈行，如寄书然"等等，意思是天气冷了，人家都穿新衣了，死去的亲人，也应该给他们寄点寒衣去吧！虽然事属迷信，但却寄托了怀念亲人的深厚、淳朴的感情，对于常人来说，也是无可厚非的。母亲是外祖母的独生女儿，当时对于已经去世的外祖母，她以极为虔诚的感情纪念着，每年到十月一，总预先糊好"寒衣包""金银锞子包袱"，完全像《帝京景物略》说的那样，让我给她在"包袱"外面写上地址，"某县、某村、某处"，写上外祖父、母的称谓、姓氏，另外还要写个小包袱"土地酒资五锭"。慢慢我大了一些，受到科学教育，就觉得她实在迷信可笑，我虽每年勉强给她写，但心中颇不以为然。但在自己哀乐中年之后，又感到自己当年也是非常幼稚可怜的了。古人云："生死亦大矣。"对于亲人的怀念，究竟用什么方式表示才好呢？

十月初，在清代，要颁发历书，各处书局，刻印出售。在北京，大小胡同中，可以看到有人背一个布包，手中拿着一叠子历书，一边走，一边叫卖："卖皇历！卖皇历！"叫卖声尖而促，没有卖其他东西的人吆呼的抑扬动听。北京过去是比较守旧的，三四十年代中，皇上已经被打倒二三十年了，历书也早已不是"钦天监"所颁发的了，可是大家还是叫皇历，卖的人也还是喊卖皇历。

再有北京冬天天气冷，要生火，过去老式房屋，人们都睡火炕，十月一要生火熏炕，乾隆潘荣陛《帝京岁时纪胜》记熏炕的事云："西山煤为京师之至宝，取之不竭，最为利便。时当冬月，炕火初燃，直令寒谷生春，犹胜红炉暖阁，人力极易，所费无多。江南柴灶，闽楚竹炉，所需不啻什百也。"这样十月初开始，一直要烧到明年二三月了。

数九坚冰至

冬　至

我国人民从古就重视节令的变化，大概这同十分重视农业生产有关系吧。《礼记》中有名的《月令》篇，三千年前写得就那样生动，而直到今天读起来还非常亲切。

北京四季分明，初冬之后，为时不久，冬至又到了。冬至是冬天的大节令。关于冬至，在北京有两种说法：一是"冬至不算节"；一是"冬至大如年"。这是两种截然不同的说法。其故安在呢？因为北京是六百多年的古都，都城中做官的多，做官的人当中，江南人多，这样，北京城里的风俗习惯就比较复杂了。一个冬至节，便出现了两种说法。明代赵可与《孤树裒谈》记云：

> 京师最重冬节，不问贵贱，贺者奔走往来。家置一簿，题名满幅。自正统己巳之变，此礼顿废。

乾隆潘荣陛《帝京岁时纪胜》也记云：

> 长至南郊大祀，次旦百官进表朝贺，为国大典。绅耆庶士，奔走往来，家置一簿，题名满幅。传自正统己巳之变，此礼顿废。然在京仕宦流寓极多，尚皆拜贺。预日为冬夜，祀祖羹饭之外，以细肉馅包角儿奉献。谚所谓"冬至馄饨夏至面"之遗意也。

所谓"正统己巳之变"，是明英宗朱祁镇在土木被俘，即历史上说的"土木之变"。被俘是在八月，朱祁镇这月去大同，在回京途中，经过怀来县土木堡，也先兵至，被俘。其弟郕王朱祁钰监国，九月即帝位，十月，也先兵大举入犯，攻北京，兵部尚书于谦守北京，击退也先。北京形势仍极紧张，自然不会过冬至拜节了。就是说，民间风俗的变化，也常常受到时局影响，但是"冬至大如年"这句话还一直在民间流传着。小时候还常常听到老人们说，虽说在当年幼小的心灵中感到奇怪，但也弄不清个所以然。

清末《燕京岁时记》记云：

> 冬至郊天令节，百官呈递贺表。民间不为节，惟食馄饨而已。与夏至之食面同。故京师谚曰："冬至馄饨夏至面。"

这段记载中特别提出"民间不为节"一句，可见清末与明代风俗已有很大的变化。但是宫廷中还是十分重视的，除去百官互贺而外，在清朝官场中最重要的一件事，就是这一天一律要戴暖帽（有皮沿的帽子），当然翎子、顶子照旧，但要有皮沿。由皇帝直到官吏都是如此。再有从这一天开始，按官品够得上穿貂褂的人都要穿起来，谓之"翻褂子"。"貂褂"是毛朝外穿的，这是很特殊的，好像现代女士们的翻毛皮大衣一样。一件貂褂价钱很大，又非穿不可，这在有钱的王公大臣自然不成问题，而有些冷官，如礼部、翰林院、御史台等等清水衙门的人怎么办，那就到估衣铺买旧的，不管如何光板无毛，只要是件貂褂就可以了。因而有的貂褂，实际还不如一件棉袄暖和了。

在京的京官，都按各人的家乡习惯来过冬至。林则徐在翰林院做庶吉士、编修时，家住虎坊桥。年年过冬至，都在日记上记着："夜搓丸。"（按，即做汤圆。）这是按照福建人的规矩过。李越缦同治元年（一八六二年）住在宣外大街，冬至那天日记记云："天未明即醒，早起盥漱毕，焚香张烛，拜祖宗遥敬。"冬至祭祖，这又是包括绍兴在内的江南人的规矩。至于北京人自己呢？谚云"冬至馄饨夏至面"，吃顿馄饨就好了。同过年吃饺子差不多，不过换换花样罢了。

但是也有比较特殊的，旧式私塾中却十分重视冬至，学生家中要送给老师点好吃的东西。小时候读过几年私塾，这种给老师送吃的情景还历历在目呢。

数　九

在热带地方的人，没有看过冰天雪地，也不知寒冷的可怕。而生活在冬天结冰、地上有一二尺冻土地方的人，冬天总盼着过得快一些，谁不希望春天早一点来临呢？冬至一过，便算交九，又称数九。谚云："从九往前算，一日长一线。"太阳已直射南回归线，从这一天开始，又要往北一点一点地移动了。谚语又有"冬至一阳生"的说法，因为中国古代哲学思想中有"万物消长"的观点。一岁之中到冬至日止，阴的因素已经长到头，阳的因素已经消到头，又开始一点点地回升增长，春天的脚步已经动了。"一日长一线"的说法，早在元代就很普遍了，并且传到宫廷中。据陶宗仪《元氏庭掖记》记载："刺绣亭，冬至则候日于此，亭边有一线竿，竿下为'缉衮堂'，至日命宫人把刺，以验一线之功。"可见古人当年也是颇有一点科学

▶ 大栅栏雪景

的实事求是的精神，也可见期待春回之感情迫切了。

俗语说："冷在三九，热在三伏。"又说："未曾数九先数九，未曾暑伏先暑伏。"这些话是什么意思呢？即由冬至日算起，每过九天算一九，一般到第三个九时，天气最冷，所以说"冷在三九"。到底冷到什么程度呢？北京的天气，大约在摄氏零下十度到十五度左右，已是十分的冷了。在北京冷到零下二十度那是比较少的。因此说，比起北方其他地方来，北京还不算最冷的。而且北京冬天还有一句谚语："天寒日短，无风便暖。"即如果没有从蒙古大草原上吹来的寒流，就不会十分冷。在"三九"天，也是一种特殊的享受。记得在沙滩红楼上课时，教室在二楼，冬天时下课休息十分钟，也都跑到楼下去靠墙根晒太阳。红楼连地下室共五层，面南，东西长近一百米，像大城墙一样，把西北风全挡住，使人能饱满地承受暖日。在此晒太阳的味道，真比饮醇酒还舒服。因而也常想"野人献曝"的故事，绝非可笑而是十分诚恳的。想起在红楼前头靠着墙，眯着眼睛晒太阳的那种舒服劲儿，绝不下于坐在北京饭店暖气房中的沙发上。不过北京也有无风也冷的天气，太阳淡淡的，到处滴水成冰，北京人把这种天气叫作"干冷"，但顶多一两天就回暖了。

九九八十一天之后，春天就来了。刘同人《帝京景物略》载有"九九歌"。潘荣陛《帝京岁时纪胜》也记有此歌并加说明道：

谚云："一九二九，相逢不出手。三九四九，冰上走。五九四十五，穷汉街前舞。七九六十三，路上行人着衣单。"都门天时极正，三伏暑热，三九严寒，冷暖之宜，毫发不爽，盖为帝京得天地之正气也。

这个歌各地都有，说法不全一致，小时候家中老人们常说的是：

一九不算九，二九冰上走，三九、四九，掩门叫黄狗（即冷得不敢开门），五九、六九，开门集上走（要去买年货了）。七九河开河不开，八九雁来肯定来，九九又一九，犁牛遍地走。

因为九九之后，就要春耕了。这个"九九歌"有关农事，非常符合农村的情况，似乎比刘同人、潘荣陛所记的要有意义的多了。

冰嬉今昔谈

溜　冰

偶然看到电视节目中，播放冬季奥运会上溜冰比赛，不禁想起北京溜冰的事来。长江流域，由南京以南，冬天也很冷，也结一点冰，但很难结成坚冰，结两三天就化了，不能冰封河面，所以不能溜冰。北京则不然，一上冻，河面就冰封了，冰封河面有一寸厚，上面就可走人；有一尺厚，走大车都不要紧，健儿溜冰，那真不在话下了。

三十年代在北京做过学生的人，大概都有一点溜冰或看溜冰的经验。那时一到冬天，北京大约有三四个冰场，一个在中南海新华门内往东湖面上；一个在北海漪澜堂、道宁斋前；一个在北海北岸五龙亭前。有的年代里，在北海双虹榭前也开冰场。开冰场都是北京棚铺的生意，一上冻，早就同各公园联络好了，到时候用杉篙、芦席在冰上围一个大圈，拉线吊上电灯，就是冰场。每天晚上溜冰结束之后，把冰上冰刀划的冰屑扫干净，用橡皮管子接上自来水洒一层水，夜间一冻，明天又是精光溜滑，冰面像镜子一样了。北海几家冰场，都在茶座前面，本来冬天公园游人少，茶座生意冷清，一开冰场，漪澜堂、道宁斋、五龙亭、双虹榭几家字号，照样可卖茶、卖点心，生意就更热闹了。中南海新华门里面那家，因平时那里无茶座、饭馆，届时棚铺不但要在冰上围冰场，还要在岸边搭茶棚，卖茶、卖热点心，如包子、汤面、炒面等，生意十分好。到中南海溜冰比北海有一个好处，就是省一张门票，只到冰场买票及付存衣帽和鞋的钱就行了。那时中南海名义上是公园，但里面有不少机关和住家，学生可以随便跑进去。

当年冬天常举行化装溜冰。记得在五龙亭举行时，常有一个六七十岁白胡子飘洒的老者也来参加，表演的全是中国式的溜冰，十分精彩，比如他冰上拿一个朝天蹬，或金鸡独立能一立老半天，这在一般洋学生是没有这样的功夫的。这个老头儿，溜冰时穿一身黑缎子的中式紧身棉袄裤，飘洒着一大把白胡子，十分神气。从他裤腿上缠着绑腿带的古老打扮，看上去似乎像京戏《洗浮山》中贺天保的打扮，岂不知这正是清代末年带点"匪式"的摩登装束。讲究黑洋绉夹袄夹裤，黑缎子棉袄棉裤，谓之夜行衣，这并不是安分人的打扮。时代久远，人只看到这古老的样子，而不知他当年的情况了。据说他当年曾表演给西太后那拉氏看，同唱戏的王瑶卿、谭鑫培一样，是个"老供奉"呢。当年宫廷中也是讲究溜冰的，不过那是中国式的古老的溜冰，当另文介绍，这里只回忆三十年代的冰场。溜冰的绝大多数都是大中学校的学生。说也奇怪，那么冷的天气，不少女同学也都穿着棉袍、蓝布大褂溜冰，小腿上只是一层薄薄的袜子，有的甚至是丝袜子，而居然不冷。男同学穿棉袍子、蓝布大褂溜冰的则更多了。穿长袍子溜冰，现在的人恐怕想也很难想象了。

记得在小口袋胡同上中学时，不少同学都是冰鞋放在书包里，一下学就往冰场上跑。不过我不会溜冰，第一我从小体育技能差，很小的时候，一次向同学借了冰鞋，穿上一踏上冰就摔了个大马趴，差一点把眼睛摔瞎，因而一朝被蛇咬，十年怕井绳，再看见冰就害怕，没有勇气再试了。第二那时买双冰鞋价钱很贵，家中日月艰难，哪有闲钱买这玩艺呢？因而少年一过，对此也再无兴趣，很少想到了。

宫中冰嬉

古诗云："燕山飞雪大如掌。"北京虽然不像东北哈尔滨、牡丹江那样寒冷，但是朔风一吹，河封之后，也有两个多月的坚冰期，所以滑冰从清代就很盛行。那时溜冰自然和现代不同。清代宫廷中的滑冰游戏，是作为技艺，表演给封建皇上看的。那是由八旗兵表演，兼有讲求武事的意义的。道光《养正书屋全集》中收有两首观冰嬉的诗，其中有一首道：

太液开冬景，风光入望清。

推恩绳祖武，敕政廑皇情。

竹爆如雷殷，池水若砥平。

八旗分整暇，千队竞纵横。

瞥睹奔腾急，欣看组练成。

彩球连命中，羽笴叠相鸣。

临阅因时举，趋随沐泽荣。

帝诚通帝谓，瑞雪即飞琼。

诗是非常蹩脚，可以说不成其为诗，"帝谓"不知所云，无书可校，存疑。其中列队奔腾、八旗阵容可以想见是士兵演习，"彩球""羽笴"，可知有夺彩球、射箭等项目，记得较清楚，因而作为史料却是难得的。据《金鳌退食笔记》等有关记载，宫中冰嬉是，每年十二月，择日在三海冰上设御座。皇帝来看冰嬉，一是"抢等"，在离御座二三里外，树大旗，皇上坐冰床，又名拖床，鸣一炮，大旗下亦鸣炮；大旗下列队士兵，着冰鞋，急驰而来，滑到御床前；御前侍卫一一拉住，以分头等、二等行赏。二是"抢球"，分左右队，一衣黄，一衣红，御前侍卫以一皮球猛踢出去，至场中，左右分抢，抢着后再抛出去。另一队跃起遥接。接下来还有转龙射球、射天球、射地球等表演。最早八旗兵都有冰鞋表演，道光之后，只命内务府三旗预备了。从记载可见，那时宫中溜冰，似乎也像军事演习一样，是列队进行的。另外还扔彩球，很有些像现在的打冰球，可惜后来这种中国式的溜冰冰球之戏失传了。

除去溜冰、冰球表演外，还有冰上特技表演。据同、光间陈康祺《郎潜纪闻》记云：

禁中冬月打滑挞，先汲水浇成冰山，高三四丈，莹滑无比，使勇健者着带毛猪皮履，其滑更甚，从顶上一直挺立而下，以到地不扑者为胜。

这有些类似现代的高台滑雪。那时的冰鞋也是中

▶ 北海溜冰场（约1941年）

国式的。据《燕京岁时记》记云："冰鞋以铁为之，中有单条缚于鞋上，身起则行，不能暂止。"不过这些后来都为舶来品所代替了。还记得好莱坞拍摄的宋雅海妮的溜冰影片《凤舞银冰》，当年在平安电影院放映时，真可以说是风靡一时，女溜冰健儿们都学着宋雅海妮的舞姿，在各个冰场上一条腿翘起来，不停地打旋子，大大地出过风头，当然也有不少人大大地摔过跤。

北京北海等处的冰场，一般也只是溜溜冰，没有其他花样，一九四五年抗战胜利之后，有一南小街棚铺的掌柜的，很会动脑筋，在王府井南口东长安街路边空地上，租块地皮，搭了大席棚，装了电唱机、彩色电灯，开音乐舞蹈冰场，做了两个冬天好生意。当然，现在溜冰都有音乐和灯光，这些已不足为奇了，可在当时这还是很新鲜的呢。

黄羊祭灶年关到

祭　灶

我国自《三百篇》之后，无代无诗，无处无诗，所以世界上公称中国为诗国，这话是一点不假的。时时可作诗，每逢节日，触动人们的岁时之感，就更易于咏诗了。腊月二十三是祭灶日，虽是个小节，但也有不少诗，因其年事已近，易增感慨也。尤其在北京，客居的人多，腊尽岁残，更易引人的羁旅之思。《越缦堂日记》咸丰九年（一八五九年）腊月二十三日记云："近日见街市多卖花灯纸鸢，及新年诸景物，乡思坌集，今晚听人家送灶爆竹声，恍然故园风景。"又记云："乡愁羁旅，殆不自胜，与珊士、叔子各赋俳体词数阕。"

李越缦是词章家，其诗词不必多引，只看其叙述作诗时的思想感情，即可知其祭灶时是借题发挥，寄托乡愁旅况了。

鲁迅先生在绍兴时，有《庚子送灶即事》云："只鸡胶牙糖，典衣供瓣香。家中无长物，岂独少黄羊。"当时先生家境不好，所以写了这样的事。"黄羊"是古代用来祭灶的，但到后代则无人再用的。据《燕京岁时记》说"内廷尚用之"，至于民间，则不知黄羊为何物，只是清水草料、关东糖瓜而已。沈太侔《春明采风志》记祭灶诗云：

　　刍豆才陈爆竹飞，家家庭院弄辉辉。
　　灶王一望攒眉去，又比去年糖更稀。

因为生计艰难，寒素之家不要说黄羊，连糖瓜也越来越少了。这不只是近代，稍古一些，也有这样的送灶诗。嘉庆时彭蕴章《幽州土风吟》焚灶马诗云：

焚灶马，送紫官，辛甘臭辣君莫言，但言小人尘生釜，突无烟，上乞天公怜。天公怜，锡纯嘏，蟠熊豢豹充庖厨，黑豆年年饲君马。

这又是一格：以讽刺来发牢骚，想入非非，公然要贿赂灶王，使他一下子阔起来了。如果民间俗曲也算诗，不妨再抄两段真正反映北京风土的东西。《霓裳续谱》祭灶云：

腊月二十三，呀呀哟，家家祭灶，送神上天，祭的是人间善恶言。一张方桌搁在灶前，千张元宝挂在两边，滚茶凉水，草料俱全，糖瓜子，糖饼子，正素两盘。当家跪倒，手举着香烟，一不求富贵，二不求吃穿，好事儿替我多说，恶事儿替我隐瞒。

另有岁暮儿歌起句云："糖瓜祭灶，新年来到，媳妇要花，孩子要炮，老汉要个耍核桃，婆婆要块手帕罩……"祭灶之后，新年来到，阖家大大小小，各提希望，各取所需，皆大欢喜了。难道这不是善良人们的一点生活希冀吗？自不能肤浅地以迷信视之了。

注：关于黄羊，只知道它是祭灶的典故，其他很少注意到。读梁章钜《浪迹三谈》，其中有一段记黄羊的，颇资参考，文云：

余在兰州，饱食黄羊，所谓迤北八珍也。金谓口外之黄羊，则更肥美。元杨允孚《滦京杂诗》云"北陲异品是黄羊"即此。其状绝不类羊，而与獐相似。许圭塘诗"无魂亦似獐"，亦即此。惟獐角大而黄羊角小，又其尾短而根白色，为差异。戴侗《六书故》直以黄羊为獐，误矣。按汉阴子方祀灶用黄羊，窃谓阴是贫家，祀灶安得此异品？考《尔雅·释畜》："羳羊黄腹。"阴所祀当是羳羊。而邵二云先生《尔雅正义》直以今之黄羊当之，恐误。

看了这位福建太史公的随笔，似乎多少知道点黄羊的味道了。

花胜遗风

新正簪花

记忆中的，萦绕着我童年梦的北京，农历正月里招展着三种花：一是那绚丽的烟火中的太平花，在晚上黑黝黝的春寒料峭的庭院中，把一只太平花放在引路中间，用线香一点，立时哧哧地冒出火星，接着那闪耀着银光的火花就喷洒出来了……围着观看的小伙伴们拍手叫好，虽然转瞬之间火花消失了，院子中充满了硫磺味，但这"花"的影子、"花"的"芬芳"，会永远留在你的记忆中。烟火、爆竹都是总称，太平花是其中的一种。刘同人《帝京景物略》记放烟火云：

"烟火则以架以盒，架高且丈，盒层到五，其所藏械：寿带、葡萄架、珍珠帘、长明塔等。于斯时也……光影五色，照人无妍媸，烟冒尘笼，月不得明，露不得下。"

人们爱花，更希望太平，把闪灼着光星的爆竹之一种称作"太平花"，这名称本身就代表了老百姓一种善良的愿望。

北京老话放烟火叫"放盒子"，各种盒子，都是用各种不同的爆竹扎起来，用得最多的是太平花。孩子们买不起"盒子"，买一两枚太平花放放，那欢乐自是无法形容的。所以说到正月里的花，我首先想到的是太平花了。

二是那花洞子里培育出来的报春的"唐花"（方言叫"熏出来的"），红梅、碧桃、迎春、水仙，甚至如《北京岁华记》所记，还有牡丹、芍药、蔷薇、茉莉等。《燕京岁时记》记云："凡卖花者，谓熏治之花为唐花。每至新年，互相馈赠。"

这是非常应时的，惹人喜爱的礼物，"高雅"等等那还是次要的，主要看生意，显示春的气息。北京大小四合院的阳光充足，屋子中又生着火，大北屋、小北屋也好，一窗户太阳，炉子上开水壶噗噗冒着热气，当地八仙桌或靠窗大榆木写字台上再摆上一盆盛开的红梅花，或者一盆碧绿挺立扑鼻香的水仙，拜年的人一进屋，就更是暖香扑面，春意盎然了。

不过话又说回来了，以上两种花虽说情韵难忘，但却不是正月里北京所独有的，烟火中的太平花，全国各地都有，也不是北京的最好。唐花虽是北京丰台花农培育的，但梅花、水仙、山茶等等，江南的、岭南的比北京的更多、更好，也不能算是北京的特产，真正说到北京正月里所特有的花朵，那还有另外的一种，是什么呢？是妇女簪在鬓边的、衣襟上的绒花、绢花，那才是北京正月里所特有的花朵。

我国古代男女都作兴在新春时簪花。宋人笔记中记载，苏东坡老年有一次立春簪花，他侄子还笑他："伯伯老人，犹簪花胜耶？"明人《北京岁华记》记当时都人元旦簪花云："小儿女剪乌金纸作蝴蝶戴之，名曰'闹嚷嚷'。"

刘若愚《明宫史》云：

> 自岁暮正旦，咸头戴闹蛾，乃乌金纸裁成，画颜色装就者；亦有用草虫蝴蝶者。咸簪于首，以应节景。仍有真正小葫芦如豌豆大者，名曰"草里金"，二枚可值二三十两不等，皆贵尚焉。

从明人的记载中，可以知道北京人新正簪花，是源远流长的古老风俗了。不过在几十年前，大多是戴小小的红绒花了。

几十年前，北京人不论男女，都喜欢穿蓝布大褂，男人过年棉袍子、皮袍子外面罩蓝布袍罩叫大褂，妇女织锦缎衬绒旗袍，外面也罩蓝布大褂。大褂这一名称，还是清代流传下来的。清代官服，一年四季于袍之外，要穿一对襟长褂，是罩在袍子外面穿的。因之北京把一切袍罩，即江南人所说之罩衫叫作大褂。一般都是蓝士林布或毛蓝布作的。大褂加"大"字，是针对区别于短的马褂而言的。过年的时候，家庭妇女，簇新的蓝布大褂罩着漂亮的旗袍，新洗新烫的乌亮的头发，在鬓边要簪一朵大红的、上面点金的绒花，即使年纪大的老太太，也喜欢戴一朵，说是"花"，也不全是花，有红绒"福"字、"寿"字、小红绒葫芦、小鸡、小兔、"十二生肖"等，当然也有戴通草花、绢花的，但那是年轻少妇戴的；而这种小红绒花，却是不限年龄，由小姑娘到老太太都可以戴的。这种戴红绒花的绰约倩影，是我记忆中正月里北京的第三种花，也是北京正月里特有的花朵，这正是古老的"花胜"的遗制了！

卖绒花

"簪花"是中国古老的美容装饰遗风。北京是文化古都，繁华锦绣之邦，对此更是极为讲究，因而在北京制花手艺举世闻名。北京崇文门外面有条热闹大街名花市，北面一些小胡同叫花市头条、花市二条……

这些胡同中不是卖鲜花的，而全是做假花、卖假花的作坊。正月里妇女头上戴的那种红艳艳的各种各样的绒花，都是花市作坊里的名产。这是历史很悠久的北京特种工艺品了。乾、嘉时郝懿行《晒书堂外集》记云："闻长老言，京师通草花甲天下，花市之花又甲京师。每天欲曙，赴者熙攘，博致肩头，日间聆深巷卖花声，清扬而远闻，胥是物也。"樊彬《燕都杂咏》注云："花儿市街，在东城，象生花用通草染作，精巧绝伦，海内所无，亦有刮绒片为之者。"

郝懿行是经学家，也注意到花的情趣，文字十分可喜。樊彬是稍后的人，说得更清楚，盖当时全国包括苏杭一带，象生花朵总做不过北京的。《光绪都门纪略》也引当时的竹枝词道："梅白桃红借草濡，四时插鬓艳堪娱。人工只欠回香手，除却京师到处无。"这些记载均可看出，当年北京的象生花儿是甲天下的了。

北京旧时代制造的"象生花朵"，可分三大类，即绒花、通草花、绢花。因为用的原料不同，制出来的逼真效果也就不同。有的是形似，有的是神似；有的取其显眼，取其精神，有的取其轻盈，取其漂亮。如绒花、大红绒石榴花、红绒龙戏珠、黄绒小鸡、红绒"寿"字等等，在耀眼的毛茸茸的猩猩红颜色上，再粘上泥金的点子，那是格外"豁亮"，是取其喜气洋洋的精神。过年时，娶新娘子时，这种显眼得像火一样的花朵，点缀于大年夜团圆饭的席上，点缀于新娘、新郎和漂亮的男女傧相行礼如仪的礼厅之上，就使欢乐气氛更增加了色彩感。再如绢花、通草花，那同绒花的艺术效果又两样了，绢和通草都适宜于做大瓣的花，如月季、芍药、山茶、杜鹃等等。用通草做出来的玫瑰红月季，真是娇艳逼真，那花瓣上的花粉似乎一碰要落了下来，如簪在黑色、白色、蓝色等丝绒旗袍的衣襟边，其仪态华丽，是不必多用笔墨形容的了。至于绢做的山茶、杜鹃等花，簪在鬓边，其轻盈之态，真有走一步就会飞动的感觉。这就不由地使人想起唐人的《簪花仕女图》，想起"钗头凤""金步摇"等等美丽的形

◥ （唐）周昉《簪花仕女图》局部

象。其制作方法、行业组织，在沈太侔《春明采风志》和五十多年前编的《旧都文物略》中均有记载。大抵花市做花，分粗细两行，材料有绫、绢、缎、绸、绒、通草、纸等，纸又分洋毛太、粉连。染花全用中国颜色，红、蓝水色，甚不易制。《春明采风志》特地记染色工艺云：

> 红则红花，店制膏汁零售，其招牌云："水作花红。"蓝则靛之二蓝，一庙中制而零售。做花活人家用时，以盏往售，至今呼为"蓝汤老爷庙"。今用洋色，恐失传，故志之。

沈太侔的记载是清末的，当时已有失传之势，现在这种工艺大概是没有了。在三十年代初，据《旧都文物略》记载，花市以花为业的铺子、作坊、人家，尚有一千余家，这已是凋零的情况，但于此亦可想见清代最盛时期的情况了。

闲园菊农《一岁货声》中也有"卖绫绢花噢"的

记载，其注云：

> 旧用二尺如折扇面样之纸匣，中贯扁杖，肩
> 扛，又有挑两落绿纸方匣者，有背一落方匣者，
> 各种绫绢、灯草、纸蜡、细花带、铜铁针，又有
> 蝴蝶绒球，大小各式。光绪十年后，兴出随时折
> 枝，照真花做，色色逼真。

这种卖花的，在三十年代中还常看见。在北方农村中，各处庙会集市上都有卖绒花的、绢花的，那些都是贩自北京花市的。塑料花兴起之后，绒花等或稍受影响，由于塑料花与绢花等给人的美感不尽相同，因此，绢花、绒花、通草花还是在姹紫嫣红地开放不衰。

春风忆童心

空　竹

　　旧时在北京，农历二月间，在风和日丽的天气，如果你住在一个小小的四合院或三合院中，不论你住的是西屋、南屋或北屋，隔着明洁的纸窗，你不时地会听到嗡嗡的声音，一会儿紧，一会儿慢。这到底是什么响呢？是鸽铃声吗？是风筝的弓弦声吗？为什么声音这样近，就在院子里吗？啊！原来那是抖空竹的声音。刘同人《帝京景物略·春场》篇中记明代京师童谣云：

杨柳儿活，抽陀螺；杨柳儿青，放空钟；杨
柳儿死，踢毽子；杨柳发芽儿，打柭儿。

　　按，儿歌所说，乃季节性男孩子的游戏，春天抖
空钟，冬天踢毽子，现在也还如此。"空竹"即"空
钟"，后面解释道：

　　空钟者，刳木中空，旁口，烫以沥青，卓地
如仰钟，而柄其上之平。别一绳绕其柄，别一竹
尺有孔，度其绳而抵格空钟，绳勒右却，竹勒左
却。一勒，空钟轰而疾转，大者声钟，小亦蜈蜙
飞声，一钟声歇时乃已。制径寸至八九寸，其放
之，一人至三人。

　　刘同人的文章，以冷隽著称，但是写景有可取处，
叙事或说明一种物体，则感到做作，反而觉得不够流
畅。这段解释空钟的文字就犯这个毛病。"沥青"不知
所谓，易与现代名称混淆。实际空钟就是俗名空竹的
玩具，江南叫作扯铃。这是一种很古老的玩艺了。

北京的空钟，大多是孩子们正月里在厂甸买来的。有单的、有双的，尺寸也不一样。空钟的轴部是桦木车制的。还有一小的，中间高寸许，径约寸半，制如空钟，中间无轴，只一根长芯，用线缠上，利用离心力原理，把线一抽甩出去，它便在地上如陀螺旋转，发出嗡嗡声音，谓之风葫芦。抖空钟是一种技巧游戏，不是每个小孩儿都能抖的，有时几个人在一起抖，有时一个人抖，旁边几个人等着，一个抖得掉在地上了，另一个再接着抖……这种游戏是既古老又文明，既听声音又活动体力，表现技巧。

初学抖空钟，自然是先抖双的，取其容易平衡。即中间一个葫芦腰轴，两头两个空圆盘。因其是竹木制，又叫空竹。形如一片空圆饼，边上有缝，旋转起来空气进去，便发出嗡嗡之声，因而名钟、名铃了。会抖双的之后，再学抖单的，即一头有圆盘竹"钟"，一头只是木头轴，而且是两挡绳槽，很滑，一头重，一头轻，抖起来就不容易平衡了。但这似乎是空钟的正宗。抖得好的人，不但能把这一头重、一头轻的空钟抖得飞快地旋转，还要会一松抖绳，把它放在地上，让它尖头朝下，像陀螺一样在地上旋转，等它旋转快要停止，还要趁未倾斜倒地之际，再用绳缠住葫芦轴，提起来继续抖，这才叫真功夫。在孩子们当中，可以算及格了。若进一步来讲究空钟技艺，那还有一大套呢。如抖的当中，扔向空中接住再抖，或转个身接住再抖，这也是最普通的花招。还有抖着抖着，突然用绳竿接住，让空钟在绳竿上滚动，哗哗乱响。再有两三个人抖着玩一个，我抖着一松绳子扔给你，你马上接住，抖一会儿，再传给他，中间再夹杂一些花样姿势，玩得十分巧妙利落，变化又无穷无尽。可以用庄子"庖丁解牛"的话来赞美，可谓近乎技矣。

老的耍叉艺人王雨田的爱女王桂英，是几十年前著名的抖空钟的表演者，可以左抖，右抖，反抖，扔起来再接住，有"骗马""卧鱼""黄瓜架""风摆荷叶""回头望月"等身段，当年红毹场上，堪称绝技，算来现在也已两鬓如霜了，自然有新秀来继承她的技艺了。

风　筝

　　春风和畅时节，也正是孩子们在空旷的地方放风筝的时候。几十年前，北京空旷荒僻的地方不少。北城，后海沿；南城，窑台、坛根；东城，东单大空场、御河桥；西城，二龙坑大土堆、太平湖。在春日里，这些地方到处都可以看到放风筝的孩子们。古人所谓"千秋万岁名，不如少年乐"，曾经经历过这种欢乐的人，大概永远不会忘记吧，不要说自己拉着线，在那里放，有多么得意洋洋了，即使是做个"小喽啰"，在别人放的时候，两人捧着风筝，帮助人家助跑两步，那点劲头，那种乐滋滋的味道也是难以笔墨形容的。待到牙豁头童之际，即使想捧着风筝，相帮人家跑两步，人家也没有人要了，这点哀愁，千古一理，是永远不得解决的了。袁随园有诗云："不羡神仙羡少年。"正是一句话说到要紧关头上，不愧为袁子才，真是比那些车载斗量的新旧废话诗高明多了。

当年北京孩子们玩的风筝，也有不少自己做的，但大部分也还是买自厂甸的。过去我写文章曾经说到过"哈爸记"风筝，中外驰名，人说那是按曹雪芹遗法制作，并有《南鹞北鸢考工志》一书为证。其实当年厂甸有两个风筝摊子，制法一样，并非"哈记"一家的独秘。不过在造型漂亮上，可能"哈记"更胜一筹，完全够得上"五彩缤纷"四个字的"考语"了。沈太侔《春明采风志》中记载，最大的"长脚沙燕"可有一丈二尺高，其他各种花样名目有：哪吒、刘

▼ 街边的风筝摊（约1918年）

海、哼哈二圣、两人斗戏、蜈蚣、鲇鱼、蝴蝶、蜻蜓、三阳开泰、喜鹊登枝等，实际还不止这些，还有美人、寿星、喜字、福字等等。有钱的公子哥儿，花银子时也可用几十两银子买个风筝，但自己又不会放，只好叫别人代放，自己看着，这也并非奇闻。一般儿童们买风筝，没有钱买贵的，最普通的是二十枚一个的"黑锅底"，制形同沙燕一样，上面全是黑色花纹，画得也比较粗糙，所以俗名叫"黑锅底"。放风筝时，小风筝一般看清风向后，先把线松到一丈五到两丈，让风筝平躺在地上，然后拉线抖上两下，兜起风来，回头跑几步，边跑边抖线，如果感到手中的线较有力，便可再松一段线，这样一边轻轻抖线，一边放线，放到五六丈以上，风筝就稳在空中了。手中的线，还要轻轻不停地抖动。拉着十分有劲，这时风筝就算放起来了。放的孩子仰头注视着高空，边上看的孩子也仰视空中。古书上说，这种游戏可以泻内热，是很有卫生意义的。风筝在高空中放着，这时要注意风向的变化，千万不能让空中风筝失去平衡，那样一翻身，就会突然坠下来，收线也来不及。儿歌云：“黑锅底、黑锅底，一个跟头扎到底——”孩子们一边拍手，一边唱着，就是嘲笑那些不会放风筝的人的。

对一般儿童说来，花过多的钱买风筝，不但不可能，而且也没有意思了。最有劲的还是自己动手做风筝。做风筝最主要的材料是竹篾和纸。记得小时家中常有破竹帘子，在做风筝的季节里，把竹篾抽十几根出来，一根竹篾一弯就正好是一个小西瓜大的圆圈，扎起来，用写仿的东昌纸把圆圈糊上，把各个糊好的圆片等距地连接起来，再在最后一片拴好“顶线”，连在风筝的线上，这就做成功了。这个风筝像卖的“蜈蚣”一样，只是少一个“头”。北京将这类风筝叫“蜈蚣”，我始终不敢赞同，因为这个名称太不美了。我们山中管这种风筝叫“九条雁”，像雁阵一样，多么形象，又多么美丽而富有诗意啊！这种风筝放起来，在飘渺的晴空中，真像是个扇动着春风的一字雁阵，多么值得人们无限地思念呢！

小金鱼

记得几十年前，初次来到北京时，那真比刘姥姥进大观园的印象还深刻，而第一个给我强烈的印象的就是在我所住旅店门前看到的卖小金鱼的担子。

幼年我本是一个山里的孩子，初到北京后先住在前门外打磨厂一家古老的客栈中。店名兴顺店，店中是一个一个的小四合院连起来，古老到什么程度呢？窗户全是纸糊的，晚间还是睡炕，一切还都是庚子前的老样子。那时这种老式客栈门前，由早到晚，不停地传来各种小贩的叫卖声。其时正是早春天气，有一天，听到门前抑扬地吆呼道："吆——大金鱼儿、小金鱼儿哎！"当时我还不熟悉北京话，听不懂这吆呼的是什么，但是那美妙悠扬的声浪，像柔和的春风吹入我的耳鼓，怎能不强烈地吸引着我幼稚的好奇心，跑出去看呢？啊——这是一副小小的担子，一头是一个柳条篓子，上面用块包袱布盖着，从篓子的孔中，可以看见里面放着一些大大小小的玻璃鱼缸；另一头是直径约二三尺左右的木盆，内盛多半盆清水，用十字木片隔成四格，一格是大一些的金鱼，一格是小金鱼，一格是黑黝黝的活泼泼的蝌蚪，江南人叫作"阿摩温"的东西，再一格则无鱼，漂着一些翠绿的藻草，边上挂着一个捞小鱼的小网罟。试想一个从小生长在北方黄土高坡穷山乡、从来没有看见过鱼的土头土脑的孩子，乍一看到这样有趣的玩艺，能不为之心动，能不留下强烈的印象吗？此后，在北京若干年中，每到春日，听到街头一声悠扬的"哎——大金鱼儿、小金鱼儿来——"的叫卖声，一种强烈的春天感觉和童年时代甜蜜的回忆便会油然而生。那种悠扬动听回荡在春风中的声音，凡是听过的人都会记得，其优美感人处是超过任何音符所能表现的调子的，可惜当年没有人把它录音灌成唱片，现在再想听是听不到了。

当年这种卖小金鱼的小贩都是从天坛东面金鱼池贩来的。金鱼池早在明代就有了。《日下旧闻》引明代逸书孙国敉《燕都游览志》云：

鱼藻池在崇文门外西南，俗呼曰"金鱼池"，畜养朱鱼，以供市易。

刘同人《帝京景物略》记"金鱼池"云：

　　池泓然也，居人界而塘之，柳垂覆之，岁种金鱼以为业。鱼之种，深赤曰金，莹白曰银，雪质墨章、赤质黄章，曰玳瑁。……种故善变，饲以渠小虫。

　　养小金鱼叫作"种鱼"，由鱼生子到成小鱼、成大鱼，以及各种变种，都是一种专门技术。养金鱼池中养和盆中养要结合，单池中养，鱼一近土，色便不鲜；单盆中养，长得会慢。大抵是谷雨前将红根藻草放入水中，鱼即生卵其上，然后将草取出，放入净水内，四五日后即破卵、成鱼。喂最小之鱼虫，名灰水虫，及鸡蛋黄，由纱布包好，放入水中，鱼仅能吸其浆水。十四五日后改喂稍大鱼虫，名小蜘蛛。再过半月，喂大鱼虫，名仓虫。养金鱼，每日要换水，但不能全用新水，亦不能全用老水，每天换掉十分之二老水为宜。北京冬天寒冷，不管是金鱼池养或家中养，都要移入室内，温度要在二十度以上。

几十年前，中山公园的金鱼最出名，其品种计有龙睛鱼、蛋凤鱼、绒球鱼、龙睛球鱼、红头鱼、虎头鱼、

▼绒球鱼

红帽鱼、蛤蟆头鱼、望天鱼、翻腮鱼、珍珠鱼，其色彩更有红、白、蓝、黄、黑数种，可以说变化无穷。当时一对名种"蓝望天"等，价值五十元现大洋。养出这些名贵的金鱼，却都是金鱼池传下来的绝技。但我却更喜欢小金鱼，那抑扬的"吙——大金鱼儿——小金鱼儿来"的市声，年年春天仍然会在我耳边回荡。古人说"余音绕梁，三日不绝"，那似乎太短促了，我想，应该是永远不绝的吧。

春讯报芳情

花　朝

小时候读旧书，讲究背诵，并不一定全懂，这被一些貌似高明、实际不通之士斥之为死记硬背。但却也记住几句老话，到现在居然还常常想起来。早上起床，看到连日阴雨之后，今天放晴，不禁忽然想起《论语》上的话："莫春者，春服既成，冠者五六人，童子六七人。浴乎沂，风乎舞雩，咏而归。"（莫即暮。）

感到这真是好文章，觉得如果在北京，这种天气和同学们骑车到城外"撒撒野"该是多么好呢！虽然不到暮春，早春也是很好的嘛。康熙《宛平县志》云：

（二月）十五日曰花朝，小青缀树，花信始传，骚人韵士，唱和以诗。

虽是"志书"，却也很有文学情趣，这"小青缀树，花信始传"二句，不是毫不亚于"杂花生树，群莺乱飞"之名句吗。不过北国的天气，农历二月一般还是冷的。袁宏道《满井游记》一开头就说："燕地寒，花朝节后，余寒犹厉。"因此说是"花朝"也好，说是"百花生日"也好，算日期已到春天了，但离开百花烂漫还差着近一个月的光景呢！因而昔人用"小青缀树，花信始传"来写这一时令特征，一个"小"字和"始"字，颇具匠心。因为虽说天寒，但毕竟春天的脚步到了，如果节令早，那各种花木也都要返青了。

按，花朝俗名百花生日，是古老的节日，南北各地都有，周处《风土记》早有"二月十五日为花朝"的记载。江南天暖，是时已杂花生树，群莺乱飞矣。所谓"百花生日是良辰，未到花朝一半春"，这说的是苏州景物。而北京花期较江南要晚半月光景。因而

"志书"所说正是恰如其分。

农谚云："三月清，灰腾腾；二月清，遍地青。"即清明节如在农历三月，则春来较迟，花木发芽返青也晚；如果清明在农历二月，则春来较早，花木芳草皆及时返青，因此叫"遍地青"矣。查李慈铭《越缦堂日记》：咸丰七年是三月初七清明，而三月初八仍"大风、冰、寒甚"。相反咸丰十一年是二月二十六日清明，而这年三月中却大都是好天。初一"晴，天气温沤，春光大佳"；十三日"晴……夜月甚佳，极思出游"；十九日"微晴大和"；二十日"终天嫩阴"；二十二日"晴暖可单棉，春光极丽"，这都是北京花朝前后的天气特征，大抵只要不刮大黄风，就是好天气。如果能够在二月中得着两场雨，雨后新晴，土润柳青，到护城河边上遛个弯，则幽燕春色，也不让江南矣。

记得一九五三年春天，正好在清明前两三天下了一场好雨，在北京这真是难得的。因为在北京，春天总是刮风，而且刮的是大黄风，农谚云："不刮春风地不开，不刮秋风籽不来。"北京最普通的是在一两个月大黄风中传来春讯。枝上小青，于风中呈现；花讯蓓蕾，于风中绽发，年年似乎都在狂风的震撼下万花齐发。"小楼一夜听春雨，深巷明朝卖杏花"的那种江南春色，在北京不能说绝对没有，但常是十年九不遇的。这年得了这样一场好雨，实在难得，而且恰逢雨后又是一个星期天，因而这年游春的人，似乎有倾城而出的势头，我和同事们骑车出城，先到万牲园（当时人们还习惯叫旧名）转了一圈，出来后，大家一鼓作气，骑车到青龙桥。把车寄存在野茶馆里，徒步沿着卧佛寺后面的路，直奔樱桃沟。一路春风吹拂，万山回青，其豪情真比孔夫子"风乎舞雩"痛快多了。俯仰之间，说这话，已是三十多年前的事了。而当时那小青缀树，山峦间似乎弥漫着一派绿光，花讯始传，点点野桃、山杏初绽蓓蕾的画面，仿佛还晃动在眼前，搔一下头皮，能不喟然神往乎！

高梁桥

　　草色返青，春光明媚，北京西直门外的高梁桥，在历史上是踏青的好地方。《帝京景物略》记云：

> 岁清明，桃柳当候，岸草遍矣，都人踏青高
> 梁桥。

刘同人这段文章写得很长，很热闹，不多引了，
总之，从明代起高梁桥就是踏青的好地方。高梁桥的
风景在当年是十分潇洒的。袁中郎在《瓶花斋集》中
有一小文记高梁桥云：

> 高梁桥在西直门外，京师最胜地也。两水夹
> 堤，垂杨十余里。流急而清，鱼之沉水底者，鳞
> 鬣可见。精蓝棋置，丹楼珠塔，窈窕绿树中，而
> 西山之在几席者，朝夕设色以娱游人。当春盛时，
> 城中士女云集，缙绅士大夫，非甚不暇，未有不
> 一至其地者也。

试想想，这种风光，几百年后不是还令人神往吗？

现在在北京，一般人很少知道高梁桥了，这还要从头说起。为什么叫高梁桥呢？因为玉泉山、昆明湖流进城来的那条河道，叫玉河，流到西直门外半里，叫高梁河。吴长元《宸垣识略》解释道：

> 高梁河在西直门外半里，为玉河下游，玉泉山诸水注焉。高梁，其旧名也。自高梁桥以上，谓之长河。

吴长元并引《魏征南将军刘靖碑》说："高梁河水出自并州，黄河之别源。"又引谚语说："高梁无上源，清泉无下尾。"等等，可见高梁河乃旧名。且河源漫漶不明，实际就是玉泉山、昆明湖水入城河道。高梁桥就是横跨河身的要道。只上下两名，故中郎曰"两水"。

几十年前出西直门到香山一带去有两条路可走，一条出西直门笔直往西，经过万牲园（后改动物园）路口再往西转入去海甸的大路；一条出西直门走关厢不远就拐弯往北，进入关厢北街，再往前走不多远，就到了高梁桥了。一到高梁桥，风景便豁然开朗，南北的大石桥，桥北是开阔的北方田野，桥下是清澈见底的流水，这水都是由玉泉山、昆明湖流来，流向德胜门水关的，西北一望：西山、玉泉山、万寿山色调深浅、层次分明，可以说是北京城郊最美的一条路。

在未修马路前，由西直门出来，全是石板铺成的路，由石道转弯向北时，有两座过街牌楼，南面一座题字是"长源、永泽"，北面一座题字是"广润、资安"。高梁桥附近的园林极多，有以丛竹、海棠闻名的齐园，有皇家的乐善园，有巡河厂、广通寺、慈献寺、极乐寺等等。现在的展览馆、动物园就是这些古代名胜的旧址。由高梁桥再往东，有水闸，名高梁闸，正在西直门北城墙转角处，这一带风景极好，前人记云：

　　水从玉泉来，三十里至桥下，夹岸高柳，丝垂到水，绿树绀宇，酒旗亭台，广亩小池，荫爽交匝。岁清明日，都人踏青……游者以万计。浴佛日、重午日，游亦如之。

从记载中，均可想见这条路的旖旎风光。

清代光绪后期那拉氏去颐和园都在这里上船。桥北建有"倚虹堂船坞"。直到清末这里也还很可观，震钧《天咫偶闻》所谓"西直门而西北，有如山阴道上，应接不暇，去城最近者为高梁桥……沿河高楼多茶肆"。孙宝瑄《忘山庐日记》光绪三十四年（一九〇八年）四月十一日记云："日西斜，乃共乘车出西直门，绕御河长堤而行，水清涟作深碧色，高柳如云，远山明媚，所谓江南景物，竟自有之。将至万寿寺，狂飙大作……"均可想见本世纪初高梁桥仍然是风光非凡的了。

可惜的是，后来西直门外修马路，没有选择这条路，走了另外一条，因而高梁桥、极乐寺、万寿寺等处都冷落了。我做初中学生时，春天一来，骑车出西直门玩，特地走高梁桥去"撒野"，甩"白条子"（钓小的白鱼）、编柳圈，其欢乐真是"南面王不易也"，只是少时旧梦越来越渺茫了。

▼ 万寿寺（约20世纪初）

　　注：几年前夏天，偶然又经过万寿寺门前，几棵
高大的古槐，浓荫掩映，高处蓝天白云，仍有无限沧
桑之感，门前御河水十分浅，已快干涸了。右侧便是
大马路，而马路对面，又是新盖的外资豪华饭店，世
纪初与世纪末，在这小小的万寿寺前变化太大了。已
无人能想象西太后去颐和园时经过这里的情景，只有
飞驰的小汽车了。而这几株老槐还在静静地观察着。

燕山花信谱

山桃花

客居江南，年年一到旧历二月中，不禁想起北京的山桃花来，虽然常常是闭目遐思，但是鼻端似乎已经嗅到那初开冻不久的泥土香了。

我原是一个深山野坳里的孩子，小时候跟随家中大人来到这首善之区，先住在一个老式客栈中，住了不久，就在西城皇城脚下租到了几间房子。迁入新居的日期，正是旧历三月间。那天刮着北京有名的大黄风，一家人坐着几辆洋车，拉着箱笼及人，混混沌沌，由打磨厂一直拉到府右街。顺着皇城，来到新居。那时洋车进前门到西城，习惯斜穿西交民巷草帽胡同出来到长安街，虽然曾经眼界一宽，但沿路灰黄一片，记忆中实在没有什么值得一说的。但是当一走进新居的二门时，突然一幅花团锦簇的图画，映入我的眼帘，使我猛然一惊，留下极为强烈的印象，尔后我无论千里万里之遥，廿年卅年之后，偶一忆及，便立刻鲜明地重现在眼前，这就是那树盛开的山桃花。昔年曾写了《望江南·苏园花事竹枝词》四十首，其中一首云：

　　苏园忆，一树小桃红，廿四番风尔独早，三春迎客记头功，常在梦魂中。

　　那所房子，名苏园，是清末一位尚书公的。尚书公去世，后辈虽然仍住在老宅子中，但都已分房异炊，有的房份分的房子很多，住不完，为了增加点收入，就把空余房子租给房客住。这所大宅子，不是老式四合院式的，而是带点西式的大花园式。一进大门，是二三亩一大片花木，中间一条路；一进二门，又是三四亩大一片花木林，走完之后，才是房屋，后面还有很大的花园。这棵独特山桃花树，就在二门外一排房子檐前，树身倾斜，高过房檐，着花最早，最繁，一开就是粉白一树。苏园里里外外，丁香、榆叶梅、海棠等，有上千棵，而很奇怪，山桃花却只有这一株。我第一次同它见面时，正刮大黄风，苏园花木林丛，晕黄一片，毫无春讯，独它在大黄风中，开着一树繁花，也是非常特殊的了。我在苏园中，足足住了十三年，年年春天看它招展枝头，首传春讯，这情缘是很深的了。

那四十首《苏园花事竹枝词》，都是一时的相思记实之作。盖在都门花信中，户外着花最早的就是山桃花。《水曹清暇录》载《燕台新月令》二月云："是月也，鸡糕祀日，山桃华，城笳鸣春……"山桃，树干有亮晶晶的红皮，着花粉红色，比桃花深，花时缤纷盈树，十分烂漫。树一般长不大，是京华花事先驱者，只要山桃一开，其他春花都要次第开放了。山桃结很小的毛桃，不能吃，但是桃核很大，可以雕刻成"数珠"或其他小玩艺，也是很好玩的。

都门一春花事，不大讲究看桃花，以桃花著名的园林寺观，可以说少得几乎没有。记忆中桃花最盛的是北海东岸濠濮涧一带山上，有一大片桃林，花时云蒸霞蔚，有点"香雪海"的气势。袁中郎曾说过："燕地寒，花朝节后，余寒犹厉。"这是北京气候的特征。因而在山桃花开时，天气还比较冷，甚至有时还下雪。北海那片桃林，就曾几度欺霜傲雪，在雪中开放过。时人词曲家张丛碧和萧重梅二位老先生，就都有"雪里桃花"之作，吟的就是这片桃林。

每到"山桃华，城笳鸣春"的时候，对北海东岸的桃林便感相思弥切，忆念中苏园的那株山桃花也该无恙吧？珍重寄以遥远的问讯了！

藤　花

记得很小的时候，听小伙伴念《名贤集》，听得熟了，居然也记住不少句，其中一句道："藤萝绕树生，树倒藤萝死。"那时觉得似乎颇有些道理。后来在北京中山公园，看见能干的花把式，却把藤萝种在已枯死了的柏树边上，这样藤萝便牵藤引蔓，缠绕在树上，既省了搭藤萝架的费用，而又使春时紫花盈树，夏时郁郁葱葱，好像那株古木又充满生意了。这种办法颇使我大吃一惊，感到世界上的道理真是太多了。花把式独具匠心的设计，藤萝绕树生，枯木亦逢春，也是含有不少哲理的。我于此诚然受到不少启发，从此也就更十分眷恋于藤花了。

北京赏藤花是有其历史的传统的，著名的古藤也不少。吏部藤花是明代弘治间吴宽手植的。在刘同人《帝京景物略》记载时，已经烂漫了近二百年了，所谓：

> 方夏而花，贯珠络缨，每一鬖一串，下垂碧叶阴中，端端向人。蕊则豆花，色则茄花，紫光一庭中，穆穆闲闲。

莆田人方兴邦还为这株藤花写了《古藤记》，刻石花间。吏部在前门里东面公安街，辛亥后，一直是警察厅的所在地，这株藤花在三四十年代还在。另一株古藤，是清初诗人王渔洋手植藤，在宣武门外琉璃厂夹道。"古藤书屋"，是自查初白而后，多少诗人都歌咏过的。这株藤花在清代同治、光绪而后还在，孙丹五诗所谓：

诗人老去迹犹存，古屋藤花认旧门。
我爱绿杨红树句，月明惆怅海王村。

说的就是这里。不过这些古藤后来都没有了，几十年前，在都门看藤花，最好就是中山公园了。稷园花事，丁香、牡丹而外，藤花自占几分春色。每到花时，一过那座蓝瓦汉白玉大牌楼，就望见在暖洋洋的日光中，一派紫光，蜂围蝶闹，眩耀春情，真的是熏得游人欲醉了。

少年时代，寄居在西城苏园，那里也有两架很繁茂、很老的藤萝。藤花先开花，后出叶子，这一般看花的人都是知道的。另外不知你注意过没有，藤花在早春刚刚生出一串串的花缨时，也是嫩绿的，慢慢才变颜色，等到大放时，才变为淡紫色的。那一串串、一簇簇，都有它特别的风度，吐出了淡淡的、带有甜蜜气味的暖香。北方春天晴天多，雨天少，即使大风天气，也往往是过午才起风，上午九十点钟，在阳光的照耀下，看紫藤是最有情趣的。不只是蜜蜂在花中乱飞，而且有极小的蜘蛛拖着极细的游丝从中坠落下来，闪耀在花光日影之中，我小时不知多少次，坐在花下，得到无限的静中的趣味……北京有藤花的私家院落园林也不少，可惜我大部分都不知道，记忆最深的，感情最厚的，就是苏园和稷园的藤花了。

离京之后，几十年没有在三春花事时得到回北京的机会，因而多少年没有再看稷园藤花了。前些年小住吴门，常常到拙政园看文徵明手植藤，保存很好，老干缠绕高大的木架，遮满一个院子，其气势就足以显示它五百年的沧桑，每值花时，开得仍十分烂漫，不免招惹情思，曾写了一首小诗道：

天涯无客不思家，坐此藤阴爱紫霞。

坐久不知春意绪，微风吹落两三花。

看着吴门的藤花，思念京师的藤花，权且寄与无限相思吧！

海棠故事

在《红楼梦》中，大观园怡红院里有一株海棠，名曰女儿棠，宝玉说它有闺阁风度，这样把构成"怡红快绿"的海棠点缀得十分有趣，我不禁想起又一个关于海棠和女孩儿的故事：

明清两代，春明花事，海棠本来是十分著名的。皇家苑囿、贵戚林泉、寺庙道观，有不少的名海棠，见于前人诗人笔记，直到现在均可查考。但是据说更早时候，北京海棠却是很少，是从辽圣宗耶律隆绪之后，北京西山的海棠树才繁茂起来的。传说他的第十个女儿，小名"菩萨"，长得十分聪明美丽，但是长到十四五岁时，尚未出嫁便夭亡了。死了之后，葬在西山，从此那里的海棠便繁盛起来，不但春日作花，缤纷艳丽，而且秋日结果，也垂实累树，有名的白海棠、楸梓都是出产在这一带。后来这里地名就叫公主坟，还盖了庙，叫作无相寺。从此这里的海棠又引种到城里的各个园林寺观中，名种海棠如"西府""铁梗""垂丝"等等，便盈都下矣。这个传说自然是附会之谈，不能据为史实的，但这个故事却是十分美丽的。如果据之作为文学作品的素材，不论是写为小说、神话故事、戏剧，都是令人魂销的。自然，历代文人不乏多情之士，好事之徒，嘉、道时定盦居士曾吊以诗曰：

菩萨葬龙沙，魂归玉帝家。

余春照天地，私谥亦高华。

大脚鸾文靸，明妆豹尾车。

南朝人未识，拜杀断肠花。

这是记实兼想象之作，因为"菩萨"《辽史》无传，是北京西山果农把其地称作公主坟，所以说"私谥亦高华"了。

明代北京的海棠，以报国寺、韦公祠最著称，王崇简诗所谓"凤城西南报国寺，海棠双树藏幽邃"；又道"燕京此花驰声价，韦祠为最此为亚"，说的就是这两处名胜。清初张远《隩志》曾记云：

> 京师多海棠，初以钟鼓楼东张中贵宅二株为最，嘉隆间数左安门外韦公寺。万历中，又尚解中贵宅所植高明。区中允大相诗'解家海棠帝苑边，开时车马日喧阗'是也。今旧本俱无存矣。

其中所说韦公祠，在当时极负盛名，几株海棠特别大，不少书中都有记载。谈迁《北游录》记他顺治十一年（一六五四年）清明后四日看韦公祠海棠云：

> 出左安门探韦公祠海棠……有海棠二，各合抱，枝干丛条，尚未萼也。自甲申来，今百四十一年。木之寿有限，似易于见长。记南都

（按，即南京）静海寺海棠，为永乐七年（一四〇九年）太监郑和舶上物，大不及此。或曰梨树接铁梗海棠，则成西府，理或有之。

这是北京的粗可合抱的老海棠史料之一，不过这只是历史文献上的记载，现在则早已没有了。

虎坊桥东面路北，有一所大宅子，当年是纪晓岚阅微草堂旧址，几十年前，是京戏科班富连城的社址。那里有两棵高大的海棠，还是纪晓岚居住时的旧物，迄今已经二百多年了。在北京现存的为数不多的一些古老花木中，这株古海棠，也可以算是硕果仅存的了。期望当事者，注意保护吧。

落花诗

说句老实话，在北京早春的花事中，海棠的确是值得称道，它比杏花繁盛、艳丽，比桃花花期长、花朵密。如果把它比作日本的樱花，那颜色比樱花还红得爱人，而其着花之繁密缤纷，差可媲美樱花，到秋天却又能结很好吃的果子，这又是樱花所无法比拟的。海棠的种类也极多，按明代李日华《紫桃轩杂缀》记载云：

> 海棠多品：贴梗、的铄、口脂、西府，轻盈醉颊，木瓜、玉臂、纱单、垂丝，步摇风细，尚有紫棉，未得经目，味其标目，定有妙姿。然昌州海棠独香，不知竟是何种。

从李日华的记载中，可以想见当时的海棠品种是很多的，不过这还是文人随便写写，如果今天植物学家分类，恐怕还远远不止此数呢。按，海棠无香，故香者特别说明。而据李渔《闲情偶寄》说，海棠还是有香的，只不过香味恬而淡，人不大容易嗅到，而蜂蝶十分敏感，届时还是因香而来的。引郑谷《咏海棠》诗"羡他蝴蝶宿深枝"为证。

记得几十年前住在北京西城时，那里有个很大的

▶ （明）倪元璐《墨花图》局部

花园，各种花木品目繁多，而一春花事，要属花厅前的两大株垂丝海棠开的最烂漫。这是两株高约丈五的老海棠，分植花厅前引路左右两侧，枝叶开展，葱茏繁茂，四面伸出，成半圆形，培植修剪得极好。垂丝海棠开的花，一簇就是四五朵，每朵花蒂连在一根不足一寸长的细丝上，像下垂的缨络一般，极为别致。秋天结成小的果子，也是一簇一簇的，惹人喜爱。在红色中，桃红、海棠红、玫瑰红，都是娇嫩艳丽的红色。这两株海棠，在我的记忆中，极为繁茂，年年春天，开满一树。真是嫩红盈树，笑傲春风，比古人所说的"红杏枝头春意闹"更为热闹。因为花朵稠密，开谢之后，也真是落英缤纷，地上红红的一层，这一点倒也很像樱花了。曼殊上人诗云："落花深一尺，不用带蒲团。"在海棠花下，也似有这样的意境。

记得龚定盦有一首很有名的古风《西郊落花歌》，写的就是海棠花。诗前有《小序》道：

出丰宜门一里，海棠大十围者八九十本，花时车马太盛，未尝过也。三月二十六日，大风，明日风少定……出城饮而有此作。

诗中形容落花道：

如钱塘潮夜澎湃，如昆阳战晨披靡，如八万四千天女洗脸罢，齐向此地倾胭脂……又闻净土落花深四寸，冥目观想尤神驰，西方净国未可到，下笔绮语何漓漓。

定盦的诗，写得实在是海阔天空，极尽豪迈之能事，但更重要的是那片"花海"，实在蔚为奇观，太惊人了。小序所说"丰宜门"，是按照金代的名称叫的，实际就是后来的右安门，又叫南西门。这片"花海"就在右安门外面，那时这里有座名称十分典雅的庙，叫作花之寺，俗称三官庙。龚定盦的同时人杨懋建曾在一本书中记道："南西门外三官庙，海棠开时，来赏者车马极盛。"这说的就是龚定盦诗中所写的海棠。

我在苏园住了十三年，那个园子虽然日渐荒芜，但花木还照常年年萌发，开出烂漫的花朵，不误春时，不负东风，海棠是最仪容华贵的。我少年时代，不知在花间消磨过多少个晨昏朝暮，后来蓦地分手了，再也看不到她了。若干年前有一年春天，住在海边一个小渔村中，向晚坐在海边望着月亮、海水、帆樯出没，不知来去有多少征人，我不禁想起苏园的海棠花，想起月光下的海棠花，曾有句云："故园亦有团圞月，不照风帆照海棠。"几十年没有看见过开得那么盛的海棠花了，那娇艳的、嫩红的、像少女樱唇一样的繁花啊，随便什么时候都似乎还在我的眼前浮动呢！

马缨花

蒲松龄在《聊斋志异》的一个故事中，写到了马缨花，写得很为美丽：有一个书生，在梦境中到他那意中人的家中去，骑着马走到一个幽雅的村落中。一户人家，疏疏的荆篱，小小的房舍。篱内一树马缨花开得正好。隔篱又望见敞开着的晴窗下的人儿正是他那意中人……这段描绘是把前人诗句中的"遥指红楼是姜家，门前一树马缨花"更加形象化了。柳泉居士的文字实在漂亮，写得引人入胜。我辈何敢望其项背，只不过借个由头，来谈谈马缨花罢。

马缨花不是名花，在京华花事中，烂漫不比桃杏，芬芳不比丁香，淡雅不比紫藤，娇艳不比海棠，文人学士大多是注意不到它的，因而见之于诗文的并不多，只有留心生活情趣的像柳泉居士这样的人，才把它写入美丽的故事中。实际它在春明花事中，是别有幽闲态度的花朵，这点在一百多年前，也有人发现了，那就是大名士李莼客。《越缦堂日记补》咸丰十年(一八六〇年)四月二十九日记云：

> 窗前马缨花开，茸艳幽绮，其叶朝敷夕敛，又名夜合花，越中颇罕得。花细如缉绒所成。夜分后，温香清发，即摘置亦然。真香奁上供，情天欢果矣。

▶ （清）恽寿平《桃花图》

▼（清）邹一桂《藤花》

▼（明）佚名《海棠飞禽图》

真想不到这样普普通通的花会得到越缦堂主人这样的喜爱和赞美。五月初一又记云："马缨盛放，满枝霞敷绛荓，甚资爱玩。"不愧为名士手笔，这"花细如缉绒所成"一句，写得正好，实际在北京它的通俗名称就是叫作绒花的。这个名称似比马缨花更好些，因为"马缨"都是猩猩红的，形状也大得多，又如何能比拟这淡粉红的、一小团毛茸般的、轻盈的花朵呢？所以叫"绒花"比叫"马缨花"形象得多，可惜越缦堂主不知道这个名称，不然也写在日记中了。实际据《植物名实图考》载："合欢即马缨花，京师呼为绒树，以其花似绒线，故名。"其产地是益州、京、雍、洛间，江南是很少的，所以李越缦说"越中颇罕得"。据说此花能令人消除忿怒，而且说分枝捣烂绞汁，洗衣服最能去污垢。可见是一种自然高效洗涤剂。

历代诗文集中，单单咏赞马缨花的诗文是很少的，似乎也真是路柳墙花，不足以登大雅之堂。但是在生活中，我却另外同它有些情谊。那还是儿童时在苏园的欢乐，破旧的花园门口，有一株参天的老槐，又有两株近一丈五尺多高的马缨花，边上有一个自来水龙头。这里平时很少有大人来，便是孩子们的天地，在马缨花盛开的时候，我们小朋友，把水龙头打开，把大拇指和二拇指叉开，用虎口堵紧水龙头口，镖水玩，看谁镖得最高，把水浇到马缨花树头上，使马缨花身上挂满晶莹的水珠，在太阳光下一闪一闪的，显出霓虹般的异彩，这真是比梦幻还美丽的境界。

马缨花的花期很长，由初夏直到盛夏，一直默默地开放着，作为街树也是很好的。北京最早种街树，就种过马缨花。《京华百二竹枝词》道："正阳门外最堪夸，王道平平不少斜。点缀两边风景好，绿杨垂柳马缨花。"

前门外八十年前就种过马缨花，后来反而没有了。北京旧时有些街道就把它种作街树，记得定阜大街辅仁楼（现为北京师范大学的一部分）前，景山前街，即故宫博物院红墙外面，种的也都是马缨花。现在各处街道，好像种的更多了，这是很好的。作为街树让它遮阴，单靠它那疏疏的、"朝敷夕敛"的叶子，是远远不够，但用作看花却是很好的。马缨花的花期初放端阳

▼ 从景山俯瞰故宫（约1920年）

前后，那时，北京风沙季节已渐渐过去，夏景渐临，年轻人已经换上单衣，在暖洋洋的阳光中，街头一片片的淡粉红色，像朵朵的朝霞，像飘拂的绛纱，像小儿女的青春，像菲色的梦境……这就是京华道上的马缨花、夜合花、绒花呀！

槐　花

现代化城市建设中，很注意"街树"的培植。即使在古代，如中国唐代的长安、宋代的汴京，也在御路两旁种柳树、种槐树。但是明清两代在北京的营建管理中，并未注意到"街树"的栽培。虽然过去北京城内也并不缺少树木，但从未有计划地在大街两旁种"街树"。北京旧时街道上的树木，如南北池子、南北长街、府右街等处，大多都是推行新政、开辟马路之后栽种的。景山前街、景山后街，也都是开辟马路及开放故宫博物院之后栽的树，都培植得很好，没有多少年，便收到了"绿化"（四五十年前，还不懂这个名词）的效果。

说到"街树"，在南方最好的品种是悬铃木，俗称法国梧桐，叶大荫浓，成长迅速，便于修剪。如南京颐和路，杭州南山路、湖滨路以及上海淮海路、衡山路的马路，都种的是这种树，没有多少年便成为很好的林荫道了。但是北京限于气候条件，似乎无法用悬铃木作为街树，关于这点，起先我是这样认为。但近年却又感到有些奇怪，就是看到中南海里面，近二三十年种的悬铃木长得很好，这就否定了我过去以为北京不能种悬铃木的主观想法。我所感到不解的是，为什么北京不用悬铃木作为街树呢？似乎只有选择易于生长的洋槐了。北京旧时较好的几条林荫道，种的都是这种树。

北京历史上遗留下来的乔木，老槐树本来是很多的。有的槐树甚至有三四百年以上的树龄。俗话说："千年松，万年柏，顶不上老槐歇一歇。"槐树甚至可以和松柏比年龄，松柏还比不上它，可见其高龄了。这种槐树开黄花，唐代长安街上种的都是这种槐树。所谓"槐花黄，举子忙"，赶上举子赶考的时候，正是槐花开的时候。从两句流传下来的谚语中，可以依稀想见当年长安的风光。北京古槐最著名的是中山公园社稷街门左右"社稷坛双树"，这是乾隆时钱载（号箨石）写歌咏唱过的，树围一丈三四尺，树龄估计有五百年。北京其他街头、胡同中、人家院里，老槐树都不少，不少名人，还用它作为斋名，如陈师曾先生，就有大槐堂，俞平伯先生又有古槐书屋，这都是近现代艺苑中著名的因槐树名斋舍的例子。只是如用这种槐树作为街树，虽然很好，却是生长太慢，也就不适宜于培植起来作街树了。相对来讲，较为适宜的还是洋槐。

洋槐叶子同槐树相仿，但更大、更密，而且栽种容易，生长比槐树快多了。如栽种茶杯口粗的小树，种得密一些，大约五六年之后，就可成荫，盛夏之际，一条街绿荫荫的就可享受它的凉意了。这是它的第一个好处。它还有更可贵的第二个好处，就是它开很香的花，这却是法国梧桐无法比拟的了。它的花像藤萝花一样，开出来是一串一串的，雪白色而又有点淡淡的绿意，散发着浓郁的清香，如果当年北京每条马路都好好栽种这种街树的话，那每到花时，真可以说是"满城香"了，只可惜种得还不普遍。

旧时街树长得最好的是南北长街、南北池子、景山前街、府右街几条街。记得有一年初夏在京，某一天晚上和两个朋友从北海出来，到府右街朋友家中去，正是槐花开的季节，大家边走边谈，在府右街浓密的槐荫下，沐着五月的晚风和夜气，呼吸着槐花的清香，只顾走，只顾说，早已忘了路之远近，不知不觉已走到长安街了，三人相顾哑然失笑；又返回来，如此走了两个来回，才兴致阑珊地回到家里。多少年来，似乎仍旧能嗅到那股甜甜的槐花香味，淡淡地飘过来。

至于那两位朋友呢？原是一对夫妇。几年前，女士一方来沪，在电话中居然叫我"小邓"，而把晤之际，相顾已华发盈头；更可浩叹者，男士一方已成古人了。附记数语，以表纪念吧！

鸽铃入晴空

放鸽子

曹禺名著《北京人》是以北京生活为背景写的，几十年来，不但在国内演，而且多少次在国外演过。也可说是国际艺坛的名作了。这个戏中有一句台词道："鸽子飞起来了没有？"配合着道具中的一只鸽子，后台效果中的鸽铃声，布景窗外天幕上的蓝天、白云，真使观众似乎到了北京的古老的四合院中了。当然，如果要使北京味更足一些，这句词还可以改为这样说："鸽子'起盘儿'了吗？"老北京玩鸽子的术语，起飞不叫"起飞"或"飞起来"，而叫作"起盘儿"。因为养的鸽子起飞之后，总是先绕着一个大圆圈盘旋着飞，所以叫作"起盘"。当然在戏中也不能完全用北京的土语或养鸽子的术语，因为这些历史上的方言或术语，不但外地人、外国人听不懂，即使今天的北京人，也不见得完全能懂了。

北京人玩鸽子讲究上"谱"，即叫得出名堂。《北京人》戏中奶妈送来鸽子，大少爷说："还是个'短嘴'呢!"因是上谱的名种，自然十分看重了。鸽子的名称是很多的，据前人记载，寻常的品种有点子、玉翅、凤头白、两头乌、小灰、皂儿、紫酱、雪花、银尾子、四块玉、喜鹊花、跟头花、脖子、道士帽、倒插儿等，其珍贵者有短嘴、白鹭鸶、白乌牛、铁牛、青毛、鹤秀、蟾眼灰、七星、凫背、铜背、麻背、银楞、麒麟、云盘、蓝盘、鹦嘴、白鹦嘴点子、紫乌、紫点子、紫玉翅、乌头、铁翅、玉环等。大少爷说"短嘴"，正是上谱的名种。这些名目繁多的鸽子哪里来呢? 一句话：都是配种配的。这中间包含着优生学、遗传学、胚胎学、育种学等，不要轻看玩鸽子，这里面大有学问呢。

鸽子是和平的象征，世界上玩鸽子的国家很多的，但多养信鸽，照北京人的办法玩鸽子的是不多的。北京人玩鸽子，简单说有三点，即看毛色，玩品种；看起盘儿，赏飞翔；讲"哨子"，品声音。起盘儿如何玩呢？近人李声振《百戏竹枝词》"放鸽"前言云：

> 以花色、能飞、筋斗三种，品其高下，而铁牛之名尤贵，必双畜之，春暖放于半天，尾上系小铃，飞则响振云表。

养鸽的人，就是每天一早，打开窠门，赶它起飞，鸽子飞在空中，是很恋群的，一窠鸽子，不会飞散；总是围绕着自己窠的所在地，一圈又一圈地、忽高忽低地盘旋。鸽子的主人，这时站在古老的四合院中，背抄着手，高仰着脸，望着自己心爱的鸽子在碧蓝高爽的天空中，在朵朵的白云下面，盘旋飞翔，怡然自得。

单纯飞翔，还不够意思，还把管状竹哨子、银哨子系在尾部，飞翔之际，借着风吹，呜呜作响，名叫"壶卢"，又叫哨子，规格还不同，有三联、五联、十三星、十一眼、双筒、截口、众星捧月等种类，声音都有差别，精于此道的，即是坐在房中，也能根据声音，辨别是哪个鸽子飞过来了。而且一边看飞翔，一边聆音响，也更有韵味。

旧时各大粮店，都养鸽子，每天拂晓"跑外的"到西直门外粮市开行市，总用手绢包一个鸽子带去，开盘之后，"跑外的"便把当天市上各种开盘价钱，写在小纸上，卷成小卷，塞在鸽子哨子中，放其先飞回，柜上看到鸽子回来，取出纸卷，便可按当天牌价营业，这样家鸽也就起了信鸽的作用了。

我少年时养不起鸽子，但同学中养鸽子的却有不少。少年人好嬉戏，总也跟着同学们一起玩玩。古人云"玩物丧志"，为此也浪费了不少宝贵的光阴，但也得到一些养鸽的知识，权之得失，究竟哪一样好呢？这倒也真有些难说了。

女孩儿节令

五月节

现在年年要纪念"三八"国际妇女节，而北京旧时女儿节，却早已很少有人知道了，真所谓无独有偶吧。这个"节"叫作女儿节，早在明代就有了。沈榜《宛署杂记》记云：

> 燕都自五月一日至五日，饰小闺女，尽态极妍。已出嫁之女，亦各归宁，俗呼是日为"女儿节"。

康熙《大兴县志》记云：

五月五日，悬蒲插艾，幼女佩灵符，簪榴花，
曰"女儿节"，日午具角黍，渍菖蒲酒，阖家饮食
之。以雄黄涂耳鼻，避毒虫。

过女儿节时，有几样有趣的习俗。一是"彩绳系
臂"，这是自宋代就流传下来的古老风俗，在《东京梦
华录》《武林旧事》等书中都有记载。用红绿黄白蓝
等杂色粗丝线或棉线搓在一起，成为彩色线绳，系在
小儿女的手臂上、项颈里，俗语叫作长命锁或"索"，
而文人叫作续命缕。明代余有丁《帝京五日歌》所
谓"系出五丝命可续"也。二是"绒花簪头"。彭蕴章
《幽州土风吟》诗云："红杏单衫花满头，彩扇香囊不离
手。"即是红色绒花做的"小老虎""蝙蝠"，红绒上还
粘金色"符码"，这些都是哈德（崇文）门外花市做的。
从东、西庙会上买来，届期大姑娘、小媳妇簪在乌亮
的鬓边，也像过年戴的红绒花一样，谓之"福儿"，再
配上一朵火辣辣的盛开的石榴花，就更显着花枝招展，
十分耀眼了。三是"身佩葫芦"。《北京俗曲十二景》
道："五月端阳小孩儿欢，艾叶灵符插在门前，人换衣

裳，'葫芦'钉在身边。"用硬纸折成指头般大的小粽子，用棉花球团成筷子头般大的细腰小葫芦，用硬纸剪成很小的蝙蝠……把这些小玩艺再用五彩绒丝线缠出来，用彩线联成一串，晚近一些年还时兴再缠一个"卫生球"（即樟脑丸）。把这样一串小玩艺，用小布条钉在小儿女的衣服边上，据说可以驱"瘟疫"，避"邪风"。端午那天，过午之后，把这些扔掉，谓之"扔灾"。四是用雄黄酒在婴儿额上写个大"王"字，再用雄黄酒涂小儿耳、鼻等处。《舆地记》所谓"以雄黄涂耳鼻，取避虫毒之义也"。这是很古老的类似近代卫生防疫措施的风俗了。

常常想，我国古代虽没有现代科学的办法，但对于生活中的不少事物的认识和处理，都是非常符合客观的科学规律的而且又与艺术情趣结合起来，使得生活中许多事物变得非常有艺术情趣，非常美，人人爱它，祖祖辈辈传下来，这就变成很好的风俗。旧时端午节这一整套风俗都是这样的迷人，不少人都深刻地记忆着小时候母亲给抹雄黄酒写"王"字在额头上的故事，手腕上带着五彩线索的欢乐，小姑娘们用五彩绒线缠小粽子的情趣……都是永远使人怀念不已的。端午节的好多点缀生活的风俗，正代表了传统风俗中的欢乐、情趣的一面，不也代表了多少代人传统的智慧和创造吗？不也正代表了中华民族悠久历史的文化生活吗？

仔细一想，女儿节也就是端午节，把端午节叫作女儿节也是很好的。所谓"都人重五"，这女儿节是北京特殊叫法，外地是不这样叫的。端午节是全国甚至远东一些国家也过的。大家都吃粽子、插蒲艾。北京还要讲究吃"五毒饼"，但无"龙舟竞渡"的风俗。《帝京景物略》就有北京"无竞渡俗，亦竞游耍"的记载。盖在清代中叶之前，端午节还有外出游赏的事，所谓"女儿节，女儿节，耍青去，送青回"，习惯要到天坛"避毒"，天坛墙外走马。金鱼池、草桥、高梁桥等处游人很多，大家在树荫下，席地而坐，饮酒宴乐。这种风俗，很像西洋人的郊外野餐，在康熙时《大兴县志》还有记载，可惜后来没有了。这就是北京女儿

▼ 天坛（约20世纪初）

节的故事，那插在小姑娘小辫上的"红绒小老虎"，大概有的人还会记得吧?

夏之儿歌

儿　歌

古人说："千秋万岁名，不如少年乐。"也还记得袁子才的一句名诗："不羡神仙羡少年。"这都是至理名言。别的不用多说，在北京的夏日，看着听着娃娃们唱歌，就使人感到有说不清的乐趣。

为什么说夏天呢？因为五月端午之后，天气渐热，万物生发，人们都换上夏衣，男孩子小褂、汗背心、短裤，小姑娘也是花小褂或者花裙子。孩子们都在户外玩，有趣的事情多了，所以夏天的儿歌也特别有情趣。

夏天天热，阴晴不定，片云可以致雨，用不着等什么"油然作云，沛然作雨"，头顶上一片黑云，西北风一卷，"噼里啪啦"就下起来了。小孩们欢喜地在小院中乱跑，大人在屋里、廊子上还喊不应。这时就会有一首动听的儿歌：

大头，大头，下雨不愁，人家有伞，我有大头！

反复地唱，欢蹦乱跳。当然，也有十分顽皮的孩子，这时也拍着手乱唱了：

下雨喽，冒泡喽，王八戴上草帽儿喽——

这个儿歌是善意的玩笑，天真得粗野，如有正人君子认为这是骂人，那就似乎是不懂生活的情趣，错怪了天真的儿童了。当然我也决不赞成推广这类儿歌。因为人们生活中偶然说句"村"话，也并不是一定不可以，但养成坏习惯，恶言秽语不离口，那只能说明是野蛮，没有教养，谈不上其他了。遗憾的是，现在这种污秽的语言，到处都是，泛滥成灾。空气污染、流水污染、语言污染……天天生活在这种污染之中，使人几乎有无所逃于天地间之感觉了。

夏天雷阵雨来了，又是风，又是雨，小小的三合院、四合院似乎都是一个避风港，每间屋子似乎是一条小木船，在风浪中震撼着。母亲抱着孩子，从窗眼里望着外面的雨，唱着儿歌道：

风来了，雨来了，老和尚背着鼓来了。

至于为什么是"老和尚背着鼓来了"，却没有人注意，只是这样说。后来看到老先生们写的儿歌的书，说是"背着谷来了"，这可能是南方的说法，而北方仍然是读"鼓"的。难道说北京夏天的儿歌只是这几个吗？不然，北京夏天还有一个最美的儿歌，那是其他任何地方也没有的。

几场好雨过后，小小的四合院中，都是花花草草，绿油油的、香喷喷的、湿漉漉的，在当院荷花缸、大水缸外面，在各屋的马头墙角上，在大树的根部……都有小小的蜗牛翘着两只小小的肉角在爬行。这个背着半透明躯壳的小动物，永远不会担心没有房子住，或为分不到房子、交不出房租而发愁，它永远是那样善良而悠闲地、像诗人散步般地爬行着。北京话很奇怪，因为没有水牛，所以语言中没有"水牛"的词汇，却把蜗牛叫"水牛儿"，一个庞然大物，一个小不点，写出来两个字完全一样，这不要说外国人翻译起来容易弄错，就是外地人听到恐怕也会弄不清楚。它是孩子们最好的朋友，孩子们把它轻轻地拿在手中，几个小脑袋凑在一起，盼望着它的触角快点伸出来，抑扬而深情地唱道：

　　水牛儿——水牛儿，先出犄角后出头儿噢！
你爹你妈，给你买烧羊肉吃噢——

妙就妙在似通非通之间。

我在北京做小学生的时候，已过了玩水牛儿的年龄了，但我听惯了妹妹们和同院小孩玩的时候的歌唱声，我多么爱听这首美妙的儿歌啊！

老树茶烟

稷园瀹茗

旧时春夏秋三季，到中山公园来的游客，有不少是来坐茶座的，而这些茶客，则又像泾渭分流一样，进大门没有几步，便分道扬镳了。往东去来今雨轩的一般不往西来，往西去春明馆、上林春等处的人也不往东来，在人数上，往西的人也多得多，这是因为西面的茶座比东面要多好几家，而且有适合各种类型客人的茶座。

一进前门，顺大路走，过了汉白玉大牌楼，转弯往西，沿老柏树荫覆的林荫大路前行不远，一过唐花坞，就望见第一家茶社春明馆了，五大间勾连搭朝东的房舍，卸了前窗，成为敞轩。从外面老远就可望见挂在正面墙上的一副集泰山《石经》的对联：

名园别有天地；老树不知岁时。

真是老气横秋，是一副包涵哲理的名联。这里的茶客也正像这副联语一样，不少都是飘洒着长髯的老人。这里是专门下围棋、鉴赏古董的地方，来这里的茶客，一坐就是半天或一整天。靠窗桌上，几盘围棋，有对弈的人，有观棋的人，黑子、白子，整日纷纷，以消永日。青年爱侣是不涉足其间的。

顺路由春明馆前往北一转，放眼一望，在一条大路两旁，在郁郁苍苍、不知岁时的老柏树下面，全是一个接一个的茶座了。这里有好几家茶社，由南往北数，长美轩、上林春、柏斯馨、集士林，最北面的柏斯馨、集士林是卖西式茶点和西餐的，那是洋派人物、摩登爱侣情话的地方，不卖茶而卖咖啡、荷兰水、冰激凌、咖喱饺等等。老先生是不到这里来的，正像青年们不到春明馆去一样。这样一南一北，南面的老先生和北面的青年爱侣却把芸芸众生"夹"在中间，中间两家长美轩和上林春是三教九流，包罗万象，以茶客人数论，是三分天下有其二，最为热闹的了。茶社的柜房、厨房、茶炉都设在西面廊子后面那一大排房子中。夏天这一大排房子前都搭大天棚，天棚下摆一部分茶座。夜间在柏树下都吊着高支光电灯，晚风习习，客人们瀹茗夜谈，往往忘却夜色之阑珊矣。

中山公园是清代社稷坛改建的，原来里面的房屋并不多，西边所有茶座房屋，大部分是公园开放后增建的。一九一四年建春明馆及上林春房屋。在公园二十五周年纪念册上记云："于坛外西南隅路西建楼房上下八间，又西房三间，设照像馆，以便游人留影。其北建厅房五间，设春明馆茶点社。"又记云："坛西门外迤南路西建西式商房二十间，设中饭馆及咖啡馆，以便游人饮食。"

这是最早的春明馆和上林春，其后陆续修建，建筑物逐年增加，形成了坛西由南到北全是大藤椅茶座的局面。在公园坐茶座，同北海不同，不是为了游玩和看风景，大多纯粹是为了休息的。海内外闻名的不少学人当年都是这里的常客。如果细考起来，是足可以写一本稷园茶肆人物志的。

这些名家烹饪都是十分著名的，当年长美轩的火腿包子、上林春的伊府面都是极有名的点心，还都是经过中外知名的教授品评过的呢。马叙伦先生有名的"马先生汤"，就是传授给长美轩的。先生《石屋余沈》记云：

> 住在北平，日歊中央公园之长美轩，以无美汤，试开若干材物，姑令如常烹调，而肆中竟号为马先生汤。十客九饮，其实绝非余手制之味也。

虽似贬语，实亦自夸。当年长美轩、上林春菜肴点心真是好，于今知者亦寡矣。前尘如梦，京华远人，寄以珍重的祝愿吧：一愿稷园古柏长青，更加葱郁；

二愿稷园花事如锦，更加烂漫；三愿稷园所有茶座，早日恢复旧观，以接待络绎的中外游客。多少旧雨今雨，古柏下瀹茗夜谈，畅叙寓情，不亦乐乎？

老　树

"老树不知岁时。"这话说得实在好，似在有情无情之间，而有一点却是实在的。北京的一些老柏树，的确是久经岁时，饱阅沧桑，没有谁能说出他们的确切年代了。有的不但远迈明、清，而且也超越金、元，要上溯到一千多年前的辽代去了。天坛皇穹宇西北面有一株树干拧得像"麻花"一样的古柏，相传为辽柏。原来树前还立了一块牌子，说明情况，现在好像还健在。

清代宫廷树木很少，而坛庙中的树木却极为茂密。《天咫偶闻》记云：

　　本朝宫门以内无枝木，惟午门外六科廊下有

官槐数株耳。若太庙、社坛中，松柏蔚然矣。

　　这些树木大部分都还健在，真可以说是北京的无价之宝。就以改为中山公园的社稷坛说吧，在建园之初都点过数字的，计有古柏九百零九株，古槐二十三株，古榆十三株，其中最大的树要五个人才能环抱过来，而一般的周径也都在一丈上下，都有五百来年的树龄。再有天安门东面的太庙，里面苍翠森郁，全是柏林，老柏树的株数比社稷坛还要多，应在千株以上。这些树清代补种的极少，基本上都是明代初年永乐修北京，营建坛庙时栽种的，更有一部分还是金、元遗物。在社稷坛南门外东西两侧那四棵老柏树，是园中最大的老树中之四株，树龄都八九百年和近千年了。在元代时，这树的位置，正在元大都南城墙下，丽正门边上。在金代，则这几棵老柏的位置，都在金代京城的东北隅。沧桑几变，陵谷已迁，而乔木犹在。朱启钤氏《中山公园记》云：

　　环坛古柏井然森列，大都明初筑坛时所树。

今围丈八尺者四株。丈五六尺者三株，斯为最巨。丈四尺至盈丈者百二十一株。不盈丈者六百三株。次之未及五尺者，二百四十余株。又已枯者百余株。围径既殊，年纪可度，最巨七柏，皆在坛南，相传为金、元古刹所遗。此外合抱槐榆、杂生年浅者，尚不在列。

所谓"前人种树，后人乘凉"，我们现在如果坐在社稷坛红墙外面那几株大柏树下面，向上望着那苍翠森郁、老态横生的枝叶，衬着那飘渺的白云，人们也许会发悠悠然的思古之情，想到近千年的悠久的历史和所经历的风霜吧！

中山公园除了杈桠古柏外，还有古槐。原来社稷坛，最早南面没有门，要进社稷坛，须走天安门里的门。西面由南到北共三个通社稷坛的门，在最南面一个叫社稷街门，门里左右各一株径围一丈三四尺的古槐，也是有五百年树龄的老树，前在《槐花》篇中所说乾隆时钱箨石写的社稷坛古槐歌，咏的就是这两株老树。

▼ 中央公园的藤花和柏树（约1942年）

北京的古树是无价之宝，其所以无价，是直到科学极发达的今天，仍然无法在短期内培育一株几百年树龄的老树，即使移植一株也是困难的。有钱可以造园林，有钱却无法买到大树。因此"名园别有天地，老树不知岁时"，"名园"之与"老树"，更结有不解之缘了。古人云："见乔木而思故国。"故国乔木之思，是人之常情啊！我想从任何方面讲，都应该加倍爱护现存的古树。

街头夏景

卖樱桃

樱桃，说句老实话，在果品中并不是什么特别好吃的东西，产量也并不多，只是有一点值得称赞，就是它那情调实在美丽，所以诗人写入诗中，词人写入词中，便成为千古绝唱了。所谓"西蜀樱桃也自红"，所谓"红了樱桃，绿了芭蕉"，都是春末至夏初间有关樱桃的极为美丽的应景名句。虽然是普通事物，但写出来自有其特别引人入胜的地方。它是刚刚过完春天，进入夏天，最早点缀夏景的颜色果品；颜色又是那么漂亮，宜其成为讽咏初夏景物的重要点缀品了。

北京也是有名的出樱桃的地方，郊坰游览胜地中，单纯以樱桃名沟者，就有两处，一在香山卧佛寺后面，那是春日逛卧佛寺时必然要去的所在；二是在去妙峰山的途中，旧时"朝顶进香"的时候也必然要经过。有了"樱桃沟"，必然有不少樱桃林、樱桃树，出产很好的樱桃。可惜我少年时期，没有特地去到这两处地方，看看樱桃树开花时究竟是个什么样子，是不是同日本的樱花一样，没有实地调查过。据植物学上记载，樱花的樱，和樱桃的樱，同在蔷薇科，但却是两种东西。最大的不同，就是樱花先开花，后出叶子，而樱桃树，则是花和叶子同时萌发。再有樱花也结实，但为紫赤色；而樱桃结实，却是粒粒娇艳的朱红。所以"红了樱桃"，便以果之红而著称，其美丽的花朵反而很少人道及了，因而直到今天，我还不能用文字来描绘樱桃的花朵。北京樱桃的种类也很多，近人沈太侔《春明采风志》记云：

　　樱桃、朱樱、蜡樱，方言谓带把为"樱桃"，无把为"山豆"。立夏见樱桃，小满见山豆。豆出十三陵者色紫味甜，其出北道者色白。

所谓"紫"，是稍微有些紫色，所谓"白"，是红中带白，较淡，但我还是喜欢那"紫禁朱樱出上阑"的娇红艳艳的朱樱的。明末《烬宫遗录》云：

> 四月尝樱桃，以为一岁诸果新味之始。取麦穗煮熟，去芒壳，磨成条，食之，名曰"捻转"，以为一岁五谷新味之始。

按照北京节令，樱桃红时，正是新麦登场时，也是芦笋出水时。古诗说的"芦笋生时柳絮飞，紫樱桃熟麦风凉"，正是这时的景致，而且很特别。在中国历史上宫廷中是很重视赐百官樱桃的，尤其唐代，特别著名。前引诗句，就是王维《敕赐百官樱桃》一诗的名句。杜少陵《野人送朱樱》诗所谓"忆昨赐沾门下省，退朝擎出大明宫"，均可见古代有关樱桃的宫廷韵事。清代宫廷中赐百官樱桃并不如唐代那样视为重典。但曹寅《楝亭集》中也有赐樱桃诗，所谓"上苑新芳供御厨，承恩赐出绛宫珠"，说明清代宫廷也还有此遗风的。再有诗中咏樱桃均咏果而不咏花。曹栋亭在《咏花信廿四首》中，却有一首《樱桃花》。诗云：

> 软红争映水晶钩，曾植三株傍小楼。
> 岂是桃花贪结子，锦囊诗句太风流。

诗并不好，但总是有了，见到这样的诗，也可稍解我没有见过樱桃花诗的遗憾了。

北京入夏卖樱桃却像一首风俗诗、一幅工笔画那样的美丽宜人。那樱桃倒不一定到多大的水果局子里，而是小街小巷、胡同口上，小小的车子上，柳条筐箩内垫一块蓝布，里面堆满了鲜红的樱桃，边上有一罐新汲的井水，不停地把水洒在樱桃上，上面还摆着一块亮晶晶的冰。这样一个小小的卖樱桃的车子，其色彩、其水分、其气氛，都构成"美"的情趣。孩子们来到车子边，托着两大枚，交给那个朴实的汉子，他扯下一块四分之一大的鲜荷叶，用一个小的白瓷茶盅盛两盅樱桃，倒在绿茸茸的荷叶上，交给那孩子。孩子接了托在手中，望着那鲜红的、碧绿的……小心翼翼地拿起一粒嗷嗷，甜甜的、酸酸的，真鲜呀——有谁还记得这样的童年呀？

附记：

我所写卖樱桃的小贩，似乎还是算阔气的。燕京风俗画专家王羽仪仁丈画了一幅"卖樱桃的小姑娘"，一个身穿破衣衫、焦黄小辫的小女孩，手里提着一个小篮，里面点点红樱桃。小姑娘是背着身的，但似乎已看到她稚嫩的愁苦的脸。真是传神之笔，使人一见会联想起安徒生的童话《卖火柴的小女孩》，可惜我对着这幅绘画，不能用文字把它表现出来，殊感遗憾。

唱西瓜

北京卖西瓜小商贩的叫卖声，是很动听的。多谢说相声的侯宝林，他用摹仿卖西瓜的声音编成了"段子"，灌入唱片，这就不只是引得人发笑，而且保存了这悠扬宛转的市声，使它传之异域，传诸未来，这点功劳，较之于闲园菊农写下了一本《一岁货声》，似在伯仲之间了。

乾隆时杨米人《都门竹枝词》写卖西瓜云：

卖酪人来冷透牙，沿街大块叫西瓜。

晚凉一盏冰梅水，胜似卢仝七碗茶。

不说卖西瓜，而说"叫西瓜"。可见北京卖西瓜之高声叫卖，由来久矣。

北京卖西瓜分两种，一种摆摊子或推车子把瓜切开来卖，当然也卖整个的，但以卖零块为主。推独轮平板车，找一个固定地方——如某处大槐树下面，把整篓的瓜卸在旁边，用水把车子冲洗得干干净净，湿漉漉的；有的还用木桶或盆摆一大块冰，镇几个青皮沙瓤西瓜在边上。卖的人穿一件背心，系条围裙，一边切，一边叫卖。《一岁货声》记其市声道：

"块又大——瓤儿又高咧，月饼的馅来，一个大钱来！"

西瓜瓤子怎么扯到"月饼的馅"上呢？这除去夸耀西瓜瓤又甜、又可口而外，还有一点就是：南方吃西瓜吃到立秋为止，而北方吃西瓜却要吃到八月中秋供月。《红楼梦》中写赏中秋，不是一再把"西瓜、月饼"一并提到吗？《都门竹枝词》还有一首说到中秋吃西瓜云：

团圆果共枕头瓜，香蜡庭前敬月华。

月饼高堆尖宝塔，家家都供兔儿爷。

这和《红楼梦》中所写是一致的。这种风俗一直到清末仍然如此。《燕京岁时记》云："凡中秋供月，西瓜必参差切之，如莲花瓣形。"这种记载，在《帝京景物略》中也有，似乎从明末到清末近三百年间没有什么变化。

卖西瓜的又有时叫道：

"斗大的西瓜，船大的块儿的咧——'圪垯蜜'的西瓜来，一个大（钱）一块来！"

"谁吃大西瓜哎——青皮红瓤沙口的蜜来！"

总之，抑扬顿挫，自成风韵，可以说是一种天籁体的歌唱吧。这些商贩卖的西瓜，大部分都是从瓜市上，或永定门外大红门一带的地中趸来的。卖瓜人都有丰富的选瓜经验，因之他们的瓜，不但包熟，一般也都甜沙爽口，叫卖声又吸引人，生意自然很好。

另有一种卖西瓜的，是推车、担筐、串胡同卖整个的瓜，也可以包熟、包沙，拣定后打开来再看，其叫卖声为：

"谁吃沙瓤的大西瓜哎，管打破的西瓜呀哎！"

这种卖西瓜的大都是各近郊，或南城菜园子里的瓜农，他们大都自种自销，如果约好，他们还可以把整担的西瓜按时送到您家中。各人有各人的老主顾，生意也很好，与切着卖的商贩足以平分秋色了。

西瓜是夏天消暑最重要的食品，直到今天仍然如此。《燕京岁时记》云：

> 六月初旬，西瓜已登……沿街切卖者，如莲瓣、如驼峰，冒暑而行，随地可食。既能清暑，又可解酲，故予尝呼为清凉饮。

所记把卖西瓜的小贩都概括了。当然，深宅大院的人家，都还是买了整担、整车的西瓜，放在家里，随时在冰桶中镇上，慢慢吃的，这就另当别论了。

北京东郊、南郊，有不少沙土地，最适宜于种西瓜，几百年来，京郊的瓜农为都城人民培育了许多名种西瓜，如三白、黑皮、黄沙瓤、红沙瓤、六道筋、枕头瓜等等，以及近年培育的早花西瓜，都是十分著名的品种。但瓜农培育得好，还要依靠卖瓜者推销得好。卖西瓜的歌声，是很值得让人思念的；希望真有人再学一下这甜蜜的歌声，即使谱入乐章，搬上舞台，我想也是能醉人的。

长安一片月

中　秋

北京旧时过八月十五中秋节，有一样外地没有而最招孩子们喜爱的怪东西：兔儿爷。这又像是玩具、又像是"神灵"的怪东西，凡在北京度过童年的人是永远不会忘记的。

江宁夏仁虎老先生《旧京秋词》道：

　　银枪金甲巧装排，扑朔迷离总费猜。
　　泥塑纸糊儿戏物，西风抬举上高台。

诗后自注道:"中秋,儿童玩具曰'兔儿爷',其雌者曰'兔儿奶奶',识者所嗤,然愚民或高供以祈福焉。"

这是一种什么玩艺呢?简单地说,是一种泥人玩具。说得更具体一些,就是一种用模子脱出来的、人身兔面泥俑玩具。脸上红白相间,也十分漂亮。说是"兔脸",也不完全是兔子的样儿,而是人脸,只是嘴是"兔唇",画成一个红色的三叉形。另外上面有两根大耳朵,做成一个银枪金甲红袍的坐像。兔儿爷有大有

▶ 兔爷(约1926年)

小，最大的三尺多高，小的也有四五寸高。有一种嘴唇做成活络的，空心中有线可拉，拿在手中玩，一拉中间的线，嘴唇就乱动，十分好玩，叫作"刮打嘴兔儿爷"。这个名称，不要说在外地，恐怕在北京，也很少有人知道了吧。做得最讲究的兔儿爷，面部贴泥金，背后插彩绸护背旗，像戏台上的武将一样，颇为威风。

我常常想，历史上有许多不知名的创造家，都很值得人佩服，是谁别具慧心，创造出这么好玩的兔儿爷呢？它的来源似难详考，但在明代就有了。明人纪坤《花王阁剩稿》记云："京师中秋节，多以泥抟兔形，衣冠踞坐如人状，儿女祀而拜之。"纪坤是阅微草堂的先人，这条记载，朱彝尊编《日下旧闻考》并未采入。整补所引还是《帝京景物略》的记载，只有"月光纸"，上面"缋满月像，趺坐莲华者，月光偏照菩萨也。华下月轮桂殿，有兔杵而人立捣药臼中。纸小者，三尺，大者丈，工致者金碧缤纷"。我想最早创造做泥人兔儿爷的，大概就是照这"月光纸"上的像塑的。这自然会大受孩子大人的欢迎，因而越造越精，越流传越久，就演变成为历史风俗。《燕京岁时记》也详细记载了当时兔儿爷摊子云：

> 每届中秋，市人之巧者用黄土抟成蟾兔之像以出售，谓之兔儿爷。有衣冠而张盖者，有甲胄而带纛旗者，有骑虎者，有默坐者。大者三尺，小者尺余，其余匠艺工人无美不备，盖亦谑而虐矣。

最后一句，是针对当时陋俗"相公"说的，现知者寡矣。

在几十年前的北京街头，大约六十多岁以上老北京都还能记得。一过七月十五，兔儿爷摊子就摆出来了。前门五牌楼、后门鼓楼前、西单、东四等处，到处都是兔儿爷摊子，大大小小，高高低低，摆得极为热闹。摊前簇拥着孩子们。但是孩子们看着高兴，大人们却不见得高兴。端午、中秋、除夕三大节，中秋好过，而还账却是艰难的啊！因为当年平时生活日用，都是赊账，要到节下集中还账。中秋是大节，一夏天的账都是要还的。道光《都门纪略》杂咏道：

> 莫提旧债万愁删，忘却时光心自闲。
> 瞥眼忽惊佳节近，满街争摆兔儿山。

人们看到满街摆出兔儿爷摊子，不免都发愁如何还账了。这首诗是很生动地写出了当年北京中秋节近的街头风光的。

清人都门竹枝词中说到兔儿爷的也很多，比较早的，为乾隆乙卯，即六十年（一七九五年）杨米人所写。诗云：

> 团圆果共枕头瓜，香蜡庭前敬月华。
> 月饼高堆尖宝塔，家家都供兔儿爷。

诗中说得十分明确，其时去《红楼梦》时代不远，而《红楼梦》中却未写到供兔儿爷的趣事，不免也有些遗憾了。

创造这个怪玩具的是谁，我虽然不知道，但我总感到它是一个具有浪漫主义色彩的艺术杰作。真是的，那金盔金甲、骑着老虎、大长耳朵、白面红唇、背后插着纛旗雄踞街头的兔儿爷，配上盛开的鸡冠花，多么招人喜爱呢！孩子们有时却唱道：

"我看你嘴又豁，眼又斜，好像八月十五的大兔爷……"

兔儿爷好玩，但人像兔儿爷则可厌了。前引夏仁虎先生的《旧京秋词》，写于抗战那年秋天。所谓"儿戏物""上高台"，诗人微旨，是对当时汉奸上台的辛辣讽刺。

供 月

在人类生活中，想象的东西，有时候比实际的要美丽得多。"阿波罗"飞船，把人载到月球上，那里是死寂的一片，并不美丽；但在我们的想象中，却是美丽的嫦娥、玉兔、桂树、广寒宫殿……五十多年前，有一年的八月节，在北京一条胡同中一个小小的院子里，母亲把一张高桌，摆在北屋台阶下面，斜着向东南方向，桌前系上桌围，桌下铺上红毯，供上"月光马儿"（即印有"太阴星君""月光遍照菩萨"的神纸）、"兔儿爷"、鸡冠花、两盘月饼、一盘水果，鸭梨、葡萄、沙果，半个西瓜切成花牙形，也放在盘中，摆上"五供"。蜡扦上点上两支四两重的红蜡，烛影摇红，花团锦簇，一切布置就绪之后，差不多已经快晚上七点钟了。这时小院中夜凉似水，碧天无云，少焉，一派寒光由垂花门东南角处冉冉升起，整个院落沐浴在"纱幔"中了。

"秃子，快来，给月光菩萨磕头！"这是母亲在院子里叫呢。"我不磕，男不拜月，女不祭灶……"我在屋里桌子前面，看着盒儿中那摆供剩下的月饼舍不得走开。"什么男的，女的，你胎毛还没有褪干呢……还不给我快来！"

"哎，我穿上大褂就来。"于是我穿上那件小小的月白竹布大褂，来到院中台阶下，站在红毯上，来行

"祭月大典"。先上三炷香，拿好香，就蜡台上点燃，捧着一揖到地，插在香炉中，然后又一揖，接着拿起"黄表"，点着一角，捧着跪下，快要烧完时，扔在地上，奠过酒，一缕青烟，直上遥空，这时伏下磕三个头，然后站起来再一揖，便礼成了。这时大家回到屋里分月饼，分果子，弟妹等都一人一盘。两个"自来白"，两个"自来红"，一个苹果，一嘟噜葡萄，隔着玻璃窗、竹帘子，望着月亮越升越高。月亮中的黑影，难道真的有嫦娥吗？有玉兔吗？

八月节，天上满月，人间团圆，拜月，供"月光马"和"兔儿爷"，虽然似乎是"妈妈经"上的迷信事，但那情调是美好的。传统风俗中，有不少礼数，多少都有一点迷信、神秘、朦胧的色彩，但又不纯粹是迷信的东西，而往往形成千百年来人们生活中一种有情趣的点缀，有热爱生活的美好愿望在里面。如端午、中秋等等风俗，似乎应该和纯属迷信的东西区别开来。《帝京景物略》云：

八月十五日祭月，其祭果饼必圆，分瓜必牙错……撤所供，散家之人必遍……女归宁，是日必返其夫家，曰团圆节也。

其美好的情调和祝愿，不在于向天边的明月焚一炉香，奠一杯酒，而在于望着天涯的明月，万里的遥空，向远方的亲人致以含着思念泪水的、温馨的问讯。"今夜月明人尽望，不知秋思在谁家"，此一意境也；"举头望明月，低头思故乡"，此又一意境也；"但愿人长久，千里共婵娟"，此又一意境也；"长安一片月，万户捣衣声"，则又一意境也。但无一不与远人有关，不与团圆有关。多少人童年祭月的梦像烟一般地远了、淡了，而那希望花常好、月常圆的感情并不淡，也不远。

北京谚语云："八月十五云遮月，第二年来雪打灯。"盖言八月十五如果是阴雨天，明年正月十五也往往是落雪天。不过北京秋高气爽，八月十五中秋节，往往是晴天比较多的。长安街头的皓月，常常像银海般地洒向街头，衬着华灯绿树、凤阙龙楼，和那流水般的车辆。古老的唐诗，"长安一片月"，在今天，又有了它的新内容、新气派。

不过任何佳节，总是希望在祥和、宁静、宽裕的岁月中度过，一遇战争、动乱，那就一切都完了。仲芳氏《庚子记事》是日记云：

> 今日中秋佳节，瓜果、月饼、钱粮纸马、鱼肉荤腥皆无卖者，遭逢乱世，人在倒悬之间，何有心肠庆贺中秋……

当代的中国人，读了这样的记载，是感慨万端的，岁数大一些的，谁没有几次惊慌恐惧，命如倒悬的中秋记忆呢？说来话长，不必多说吧，但愿今后不要过那样的中秋节！

斗蛐蛐之趣

蟋　蟀

　　旧时代在北京度过童年的男孩子，大概没有一个没玩过蛐蛐（蟋蟀）。一到秋天，就把那大大小小的蛐蛐罐儿捧出捧进，什么"蟹壳青""棺材板""枣核儿"，各式各样的蛐蛐名字，一天闹个不停。一放学到家别的事不做，先忙着看看蛐蛐。暇时，拉着小伙伴在台阶底下去"斗"，几个头挤在一起，盯在一个小罐中，注视着那两只微虫，时而凝神观察，时而高声喊叫，等到那"胜者翘然长鸣以报其主"的时候，胜负已分，一场比赛宣告结束。有时还要再换一个"运动员"上场，一场接一场，真是兴味无穷。

斗蛐蛐要有"蛐蛐探子"，一般是用蛐蛐草，再有就是用一根细竹篾，头上绑一小段鸡毛翎管，在翎管上插三五根有弹性的毛做成。斗蛐蛐时，如果有一个还没有怒起来，便用"蛐蛐探子"引它。那"探子"的细毛一触动它头部，蛐蛐便会激怒起来，伸出那虽然很小，看上去却十分锐利的牙，为其主人奋勇向前，去效命"沙场"了。我听说，做"蛐蛐探子"的细毛最好是猫的胡须，为此，我抱住家中的大黄猫就去拔，它一疼差点咬了我的手。我想出好办法：拿了块熟肉，一边喂它，一边拿剪刀把它的胡子剪了个光。后来母亲偶然发现，觉得十分奇怪，猫的胡子哪里去了。结果妹妹告了"密"，我便挨了一顿好骂，现在想起来还觉得怪可笑。

至少早在宋代之前就有了养蛐蛐的了。南宋的亡国宰相贾似道写过一本《促织经》，元兵打到临安，他还在葛岭半闲堂中斗蟋蟀，这是史书上有名的故事。前人咏李后主诗云："作个词人真绝代，可怜薄命作君王。"贾似道如做个清客，做个养蟋蟀的专家，那是很不错的。可惜是他却做了丞相，又是国家危急时的丞相，老百姓只好跟着他倒霉了。国亡家破，生死流离，一代悲剧，万家苦痛，常常起因于几个掌大权的人，世界历史上这样的人还数得清吗？

《聊斋志异》中有名的故事《促织》，就是暴露明代宣德时宫中养促织的罪恶的。明代北京特别讲究养蟋蟀、斗蟋蟀。《帝京景物略》中"胡家村"一段，详细介绍了永定门外一带出产名蟋蟀，以及捕捉的情况。所谓"秋七八月，游闲人提竹筒、过笼、铜丝罩，诣丛草处、缺墙颓屋处、砖壁土石堆磊处，侧行徐听，若有遗亡，迹声所缕发而穴斯得"。写得极得其神，看到他的描写，再想起小时在苏园乱草中找蛐蛐的情景，真不禁哑然失笑了。

蟋蟀的色彩，青为上，黄次之，赤又次之，黑白为下，要首肥，项肥，胫长，背阔，有红麻头、白麻头、青项金翅、金丝头、银丝头、黄麻头、油利达、蟹壳青、金琵琶等等，说不胜说，一虫之微，可以成为一种专门学问。孩子们玩蛐蛐，只是捉来随便玩玩，天真的游戏而已。而清代的纨绔子弟，游手好闲，不务正业，以斗蛐蛐为赌博。过去在宣武门外靠近菜市口一带临街小楼，每到秋天用红纸写着"秋色可观"，这都是以斗蟋蟀进行赌博的地方。养蛐蛐的泥罐也十分讲究，旧时最珍贵的是有"古燕赵子玉"款的蛐蛐罐。有一年石虎胡同蒙藏学校修房子，掘出大批古代蛐蛐罐，最早的是明永乐年间的，款署"姑苏彩山窑常德盛"制。其次有"淡园主人"制，外青内紫；"秋雨梧桐夜读轩"制，康熙款等等。据传明代最精美者，为苏州所造。出陆墓、邹莫二家。邹家二女名大秀、小秀，善制雕镂人物之促织盆。现在如有保存者，那便是十分珍贵的文物了。

▶ （明）御制澄泥浮雕
狮纹蟋蟀罐

三冬乐事

围　炉

《艺风堂友朋书札》出版后，先买了一本，又承端木蕻良兄送我一本，放在手边，随时翻阅，真是洋洋大观，得益匪浅。还曾听顾起潜先生介绍过本书的收藏和出版经过。我这里不写书评，只是借来作个文章的话头。冬夜无事，偶翻陆宝忠写给缪艺风的信中，有几句道：

> 光阴荏苒，又届围炉，诸同人必有佳集，酒酣耳热时，尚道及远人否？翘首燕云，不胜黯然。

陆与缪荃孙同是光绪丙子年进士，这封信他是在湖南学台任上写给在北京的缪荃孙的。他在湖南想到昔年在都门时，每到冬天，友朋们围炉清话，十分热闹，而自己却远隔南天，所以信中写"翘首燕云，不胜黯然"了。我想这种感情，在离开北京羁旅到冬天不生火的南方的人，大概都有一些同感吧。

围炉最好是晚饭之后，三五良朋，以炉子为中心，团团而坐，沏上一壶好香片，买上一大包落花生，边吃、边喝、边烤火、边谈、边笑，海阔天空，不拘形式。炉子上坐一壶水，渐渐炉火越来越旺，越来越红，壶中的水嗞嗞地响着，这时不必开灯，尽可坐在暗中，炉中的红火映在顶棚上，形成一个很圆的、很朦胧的红色的光晕，照得炉边的人一个个容光通红。这时谈兴更浓，谈锋更健，谈人生，谈哲理，谈艺术，谈轶事奇文固然很好；谈生意、谈金钱、谈柴米油盐，谈儿女情、身边事，也无伤大雅。谈到忘情处，窗外呼呼的北风声，远处荒寒的犬吠声，深巷飘渺的叫卖声，夜归人偶然的喊叫声，这些都隔绝在这些气氛的外面，而这里只剩下温暖、友谊和欢声笑语，这样的围炉，是令人终生难忘的啊！

北京天寒，冬天平均温度约在零下四五度之间，最低可到零下十五六度，室中无火，是不能过冬的。无论家中条件如何，炉子总要有一个。最早没有西式取暖的炉子，更无现代化的暖气、空调等设备，有的都是烧煤球、煤块的炉子，即使很考究的也是用的这个。曾见过老式老虎脚的大铜煤炉，将近三尺高，大铜炉盘精光耀眼，当地一放，试想烧起熊熊的火来，是多么神气呢？一般小白泥花盆炉子，有个架子，小户人家，生起来借个暖意，一家乐融融，可以躲过窗外的严寒，自然也是恩物，不觉使人想起白居易"绿蚁新醅酒，红泥小火炉"的诗句。虽然它是白泥的，而情调是一致的，都给人以生活美，和热爱生活的感受。最早的炉子没有烟囱，有马口铁烟筒的炉子是西方传来的，最早的洋炉子，当然有烟筒自然比没烟筒好，可以减少煤气。孙宝瑄《忘山庐日记》光绪三十四年正月五日记云："晚，入卧室，屋小，爇西式炉略暖。"这是一九〇八年的事，孙是邮传部官吏，生个小洋炉子，还是新鲜事呢。

围炉之乐，三五人固然很好，一二人亦不妨。李慈铭《越缦堂日记》咸丰九年（一八五九年）十月二十七日记云：“寒甚，拥炉与叔子谈终日，夜与叔子围炉续话，三更，叔子招吃京米粥，以瀹卜、生菜佐之，颇有风味。”

《鲁迅日记》一九一二年十一月八日记云：“又购一小白泥炉，炽炭少许置室中，时时看之，颇忘旅人之苦。”孙宝瑄是杭州人，李慈铭和鲁迅都是绍兴人，都是曾经常住北京的，几则日记，前后相差五十二三年，都写到了北京冬日围炉的情趣，把这三则日记并在一起看，是颇有意思的，很可以想见江浙学人当年在北京的生活和风度。

这和前引《艺风堂友朋书札》的文字合看，也很可以看出，生长在江南不习惯围炉的人，到了北京居住之后，过两个冬天，很自然地也就爱上了围炉。不过也有例外，章太炎被袁世凯软禁在钱粮胡同时，很大的房屋中，三九天，他不准生炉子，而穿一件大毛皮袍子御寒。他写给女婿龚宝铨的信云：“冬月裘衣，皆在家中箱筒，北地寒凛，仆素恶火炉，非狐貂不足御寒，此亦急当携上者。"从信中可见先生之癖。后来住在南方，三九天也是很冷的。有一次，日本名作家芥川龙之介来看他，室中无火，宾主对谈，芥川穿西装，冻得发抖，他老先生丝绵袍外又加狐嗉袍子，泰然自若，越说越有劲，使得芥川大吃苦头，后来芥川记在他的《支那之行》日记中，写得极有风趣。

我十分怕冷，每年冬天，一到烤火期，便不免翘首燕云，回忆起围炉之乐来，系以《忆江南》小词一首，用寄温暖之思吧。词云：

　　京华忆，最忆是围炉，老屋风寒浑似梦，纸窗暖意记如酥，天外念吾庐。

消寒图

现在可能还有不少人在小的时候画过"九九消寒图"吧？这是旧时北京流传了几百年的风俗，记载这一故事的书是很多的，《帝京景物略》中记得很清楚，文云：

> 日冬至，画素梅一支，为瓣八十有一，日染一瓣，瓣尽而九九出，则春深矣。日"九九消寒图"。

不过现在通行的《帝京景物略》都是经过纪昀删节的本子，纪昀把此书所引的诗都删掉了，其中有不少是好诗。如崇祯八年（一六三五年）刻本，此段后就有杨允孚一诗云：

> 试数窗间九九图，余寒消尽暖回初。
> 梅花点遍无余白，看到今朝是杏株。

诗虽不十分好，但亦清新可喜，尤其是联系到"日染一瓣，瓣尽而九九出，则春深矣"几句，一齐来读，更使人感到有一种春的信息的情思。

不论江南、冀北，在岁时中人们都有一种共同的感觉，就是都希望春天早一点来。尤其是北方人，到了冬天，冰封大地，四野光秃秃，一片灰黄死寂，一点绿意也没有，希望春天早日回到人间的愿望，那就更为迫切。冬至一阳生，从冬至开始，太阳已到了南回归线，又要一天天向北移了，春的信息又开始萌动了。洋诗人所说的：“冬天来了，春天还会远吗？”说的也正是实话，比那些冒牌的洋诗人们不知所云的呓语似乎明白得多。这点情思和画"九九消寒图"有相通处，都表现了对春天的殷切希望和坚定信念。"九九消寒图"虽不是诗，而却是充满了诗的情思的。

"九九消寒图"最简单、最普通的画法，是把一张白纸，先画九个大方格，上面写上图名，边上写上《九九歌》。每个大方格中，再用竹笔帽印九个圆圈圈，从冬至日起，每天用墨笔点一个圈。点的时候而且还有规矩，点时只点一部分，以区别不同的天气。有歌词云：

"上画阴、下画晴，左风右雨雪当中。"就是说如是阴天，把红色圈圈的上面一半染黑，如是晴天，把下面一半染黑，其余以此类推。等到把红圈圈全部点染完毕，便是回黄转绿之际矣。这样点，便于计算阴晴雨雪天数，照《京都风俗志》的说法，还有"以占来年丰歉"的意义在里面。明代刘若愚《酌中志》记载，宫中年年都要由司礼监印刷"九九消寒图"。不过这不是图，却是"诗图"，每首诗四句，如"一九初寒才是冬"至"日月星辰不住忙"止。可惜他没有把诗全记下来，他认为是鼙词俚语之类，不值得记，其实这正是风俗志中的好材料，由"一九"说到"九九"，可能都有些具体内容的。

最喜欢弄"九九消寒图"的，莫过于私塾及学校中的小学生了。他们的消寒图，最普通莫过于写"庭前垂柳珍重待春风"九字了（风要写繁体字"風"，不然风只四笔）。先用毛笔写好，再用一张白纸蒙上，用双钩的办法，把这九个字用红笔（当时叫朱笔）影写下来，便都是空心字了。这九个字每字九划，按笔划每天描一笔，描完之后，正好垂柳回黄，意义双关，是很别致的一幅"九九消寒图"。记得小学时老师还让同学们自己编制"九九消寒图",先让同学查字典,找出许多"九笔"的字来,然后再编成一句"九言词句",老师修改,制成红笔空心字图,然后再评定优劣。同学们感到好玩,特别挖空心思地去制作,但是想着容易,凑起来却十分困难。有一个同学,凑了一句"盼春信,待看某俏柳染"。大为老师赞赏,说他知道"某"是"梅"字的古体字,是很好的,把他评为第一。这虽然有点近乎文字游戏,但却颇能显示学童的文字修养和文学才能的功力,这样的游戏,不比打扑克好吗?

腊鼓声声

忙　年

腊鼓，是腊月的社鼓，过去有腊鼓催年的说法，这"催"字用得好，催是催促，不能再停留，不能再等待，这就意味着"忙"了。因此腊鼓声声，先从忙年说起。人生是忙碌的，春忙种，秋忙收，一进腊月，便又要忙年，这也是古已有之的了。《春明采风志》记云：

> 凡年终应用之物，入腊，渐次街市设摊结棚，谓之蹿年。如腊八日前菱角、米、枣、栗摊。次

则年糕、馒首、干果、叶烟、面筋、干粉、香干、菜干……江米人、太平鼓、响壶卢、琉璃喇叭，率皆童玩之物也。买办一切，谓之忙年。

由"蹿年"到"忙年"，这段文章中间罗列的品名极多，有吃的用的、敬神的、玩耍的，中间一段文字将近百种。这种罗列品名的风土文章写法，来源于《东京梦华录》，给人一种眼花缭乱的繁华感觉。经历过的人，看着每一样东西，只看看名称，就觉得像蜜一般的甜了。这段文字，第一给人一种感觉，就是当年北京过一个年的内容该有多么丰富呢？第二也使人想到，这么些有趣的东西，每样买一点，该要用多少钱、多少精力呢？因而蹿年、忙年也是不容易的了。读仲芳氏《庚子记事》庚子年腊月二十三日记云：

今值祭送灶神之期。新年在迩，各街巷毫无过年景象，本来人皆困窘无聊，有何心肠庆贺新年耶。

这是侵略者八国联军盘踞北京时"忙年"的情况，年轻人看了可能无所感觉，而沦陷时在北京生活过的人，看了这样的记载，则不胜感慨了。因而前面所引《春明采风志》所写的"忙年"丰富内容，在我的记忆中，最热闹的还是"七七事变"之前，做孩子时的情况。那时北平虽然也已十分危险，但还较多地保存着一些传统的习惯，物价便宜，东西好买。那时我家住在西城，一到腊月里，卖年货的，不单南到单牌楼，北到四牌楼，到处南货铺、点心铺、猪肉杠、鸡鸭店、羊肉床子、大小油盐店，拥满了人，而且马路牙子上，也都摆满了各种摊子，干果子铺门口，都吊着大电灯，那大笸箩堆的什锦南糖、京杂拌，都像小山一样。堂子胡同口上一家大鸡鸭店，大肥鸭子吹足了气，擦上油，精光肥胖，天天吊满了铺子，一般教书的、当职员的人家，拿出十块、二十块"忙年"，就能买不少东西了。买只五六斤重的大肥鸭子，一块大洋还要找钱呢。年是年年要过的，而太平年月和战争年月的年是完全不同的。在太平年月中，欢乐的家庭和愁苦的家庭其忙年也是两样的。忙年的"忙"字，就全社会

▼ 卖花灯（约1943年）

来讲，当时大约可分为三方面内容，一是经济上的，年终结算，人家欠的账要收回，欠人家的账要准备偿还，要筹措买年货过年的费用，要筹划送礼的费用，这在大人们，尤其是当家人，是最忙的。经济宽裕的还好，经济困难、欠债累累、出大于入的人家，那就要忙上加忙了。二是物质上的，由新衣新帽，到年菜年礼，以及花生、糖果、压岁钱、红包，样样筹办齐全，不要说没有钱、经济拮据的人家张罗起来费力，即使财力雄厚，多花点无所谓，那筹办齐全，也要用大量的人力。大户人家，有管家、有佣人，当家人和主妇只要支使，会动脑筋就可以了。小户人家，样样要自己来，"忙"这个年，也就累得够呛了。常听人抱怨，为什么要过"年"呢？这么忙……可是还是年年要过，年年要忙，这就是生活。三是风俗庆贺，种种仪式、种种礼数，由一入腊月的腊八粥，到廿三祭灶、掸尘、贴对子、烧年菜、守岁、祭祖、拜年、迎顺星、闹元宵、填仓、引钱龙……啰啰嗦嗦，足足两个来月，这些故事依次做全，那真是要忙个不停了。不过这说的还是家中的忙碌，而"一年将尽夜，万里未归人"，奔波于道路上，赶回家过年的人还不知有多少呢？那就更忙了。

沦陷以后，那就满不是那么回事了，东西越来越涨，年越来越难过。真是"王小二过年，一年不如一年"，我每到过年时，就想起父亲那几年中为"忙年"而发愁的脸色，在我面前浮动着，说起"忙年"的滋味，也有说不尽的酸甜苦辣呢。至于那些离乱的家庭，家人离散，音讯渺茫，忙年的梦，只剩伤感与愁思了。

俗　曲

在过去所写过年的岁时短文中，引用过不少北京的民谚俗曲，如"糖瓜祭灶，新年来到……"，"二十三、糖瓜粘，二十四、扫房日……"等等，都十分有意思，虽在他乡异域，一读到它，马上便感到一种北京过年的气氛，一种甜蜜的乡风吹拂到身边。其实旧时北京，写过年情景的民歌俗曲，除此之外，还有不少。有的因为长，不能在短文中引用，而它的内容却是非常丰富的。清末"百本张"俗曲，有一段

"赶板"，题目是《打糖锣》，而写的却全是过年的情景，像一幅风俗画一样，极为细致生动。不能照引原文，只选择其中一些特殊的句子，作个介绍。可以大略看到光绪年以前北京人过年的风貌。

过年先要用钱，这个段子一上来就唱道："正月里的银子腊月里就关，二十一二嗨放黄钱。"旗下人有钱粮、京官有俸银、当差的都有月钱，把正月的钱提前到腊月发放，就可以两月并一月过个肥年了。黄钱，即新出炉的大钱。

过年要敬神祭祖，俗曲中唱了不少。"卖香炉、蜡烛台儿的满街叫唤"，这是串街走巷去卖；"神纸摊子摆着门神挂钱"，这是摆摊卖；"元宝、阡张绕街上串串"，这又是串街卖，元宝是锡箔糊的纸元宝，阡张是一搭子白纸，用切纸刀切成钱圈、钱眼，又连在一起；"爆竹床子、佛龛和灶王龛，佛花供花儿，磁器也出摊"，又是摆摊，而且卖爆竹的叫"床子"，同卖羊肉叫"羊肉床子"一样，为什么叫床呢？因为不只是平板摆摊，还有架子挂好多玩艺。中国过去所谓床，是指有架子可挂帐子、帏子的卧具。

过年要买好吃的："汤羊和那鹿肉、野鸡吆喝新鲜，关东鱼、冻猪、野猫堆在街前。"这两句唱词，写出了一百年前北京过年的历史风尚，汤羊是带皮的羊，野猫是野兔，这些都是当年的所谓"关东货"，从松花江两岸、长白山麓运到北京来的。后来这些玩艺基本上都没有或者很少了。即使在半世纪前，我幼年在北京过年时，也很少听说谁家过年买鹿肉，而在一百多年前，却是很普遍的。

写大家见面时的祝贺客套云："旗下爷们见面，有把满洲话翻，无非说的是新喜，吉语吉言。买卖爷们见了面也要拜年。把磕膝盖一拱，乱打乡谈，说的是新春大喜，大发财源。"这几句也保存了很有意义的风俗史料。即清末旗人还要说几句满洲话，现在也很难想象了。

这篇俗曲很长，不能多举，最后引几句写孩子们的话结束吧："小幺儿们磕头，为的是弄钱；压岁的老官板儿，小抽子儿装圆。喜欢的个个跳跳蹿蹿……"

"老官板儿"是大铜钱,清代康熙、雍正、乾隆的钱最大,俗叫"老官板儿"。"小抽子"是小荷包口袋,装满了,把口袋一抽收紧,就不掉了。俗曲不同于诗人的诗,于俚俗处,更能生动地描绘风俗民情。试看把得压岁钱的欢乐,写得多么生动呢?

不过这首俗曲说的都是清代晚期情况,有的已难理解,有的则要加注解读者才能理解。《北平歌谣集》中,有一首儿歌,更接近现代,更为风趣。文云:

> 老婆老婆你别馋,过了腊八儿就是年,腊八粥,喝几天,滴滴拉拉二十三,二十三、糖瓜粘,二十四、扫房日,二十五、炸豆腐,二十六、炖羊肉,二十七、杀公鸡,二十八、把面发,二十九、蒸馒头,三十晚上熬一宵,大年初一扭一扭。您新喜!您多礼!一手白面不搌你,到家给你父母道新喜!

这首儿歌,最后三句,神情如画,真是天籁体的好文章。今天的家庭主妇年初一两手白面正忙着包饺子，接待来拜年者，还是得说这几句话吧！

书　春

我国民间风俗，过年要贴春联，直到今天仍很普遍，但这事的历史并不十分太长。说是不太长，只是相对而言，实际也有几百年了，不过没有上千年，所以说"不十分太长"。（注意，我这种句法，要让那些位专讲语法的先生们看见，又要找刺了。）残唐五代时元日悬"桃符板"，宋代进"春帖子"，已是春联的前驱，元明之后，才大量出现了楹联。不过年下贴大红对子，究竟从哪一个时期才开始，如何普及起来的，迄今仍无人作一明确答案。

清代是最讲究春联的，在北京一进腊月，街头就出现写春联的摊子，榜曰"书春""书红""借纸学书""点染年华"等等。都是私塾教师及学生们大显身手的时候，趁机得些润笔，是一种不伤雅道的生意，也可以说是一种活动吧。但摊子前很风光，大红纸、漆黑的墨，椽笔淋漓，当场写了贴到墙上，一幅一幅的大大小小，十分醒目。

春联种类有各行各业及家庭的门对，又可分大门对、二门对、仪门、角门、房门等，不同的"横楣"，贴在门楣横木上的，又叫"横批"，都是四字吉言。还有大小斗方，正方形的，贴在檐头上、门扇上，还有贴在迎门影壁上的以及各种祠庙神前的，除去外面的大寺大庙诸神庙，每户家中还有灶君、财神、祖宗龛、天地桌、井台等等数不清的大小神灵前，也都要贴对子横批，岂不闻"上天言好事，回宫降吉祥"乎？这就是灶王前的春联。"东厨司命"，就是横批，也有贴"一家之主"的，那就更是虔诚地崇拜它，要向它早请示、晚汇报了。

但是辛亥之后，直到三十年代中，北京内城宅门中，过年贴春联的人家越来越少了。而且不少大宅子，住的都是文化修养很高的人家，即使贴春联，也都是自己写的，不会到对子摊上买春联，所以"书红"的生意越来越清淡了。记得《北晨画报》有一首题风俗画《书春者》云："春帖元来照样誊，今冬纸价却微增。还须搁笔思何事，代写家书我亦能。"写春联变成摆小摊代写书信，那真是斯文末路，形同乞讨了。我三十年代中叶，到口袋胡同上中学，每天经过甘石桥孔教学堂门口，有几个破小书摊，还有一位代写书信的老者，一到腊月，便改卖春联。一张小方桌，上摆笔砚，用铜镇纸压着裁好的红纸，在后墙上钉了几个钉子，拉上绳子，写好的就挂在上面，另外用红纸大写"书春"及"借纸学书"等字，贴在那里，以广招徕。孔教学堂临街是整齐的青灰砖墙，蓝阴阴的墙，红艳艳的纸，乌黑发亮的字，远处望去，十分显眼。所谓"点染年华"，人看了很有岁时之感。记得他一副抱柱对子，卖二十枚，一个横批，只卖五大枚，价钱是很便宜的，不过只是小户人家或煤铺、烧饼铺、井水窝子买他的春联，那收入想来也是微乎其微了。我放学经过他摊子前，背着书包在人堆里看他写春联，那和善的样子，迄今还历历如在目前。《一岁货声》载买春联市声云："街门对，屋门对，买横皮，饶福字。"其下注云："木红纸、万年红，裁写现成俗对联，在各城门脸里外卖，四个大钱一副。"价钱比三十年代便宜多了，但也在城门脸卖，主要销售对象还是四乡的老农。再有《一岁货声》所说的春联，用的都是老式红纸。而三十年代我所见的写春联的老者的纸，则是刷了红色的新闻纸，是洋纸了。

我国以"红"为吉色，所以春联是大红的、梅红的。庙里贴对子用黄纸写红字或黑字，守孝人家用蓝纸写白粉字，这在当时社会上都知道，现在则知者鲜矣。但清代宫中春联则是白绢锦栏、墨书。因为宫中的门都是红的，所以不用红纸，这种对联照映朱门，更为鲜丽，一律由翰林写恭楷。

另外宗室王公家中春联照例用白宣纸加红边，如守孝加蓝边，不忌讳白色。民国四年，袁世凯帝制，清宗室世恂用白纸贴春联云：得过且过日子；将死未死国民。触袁霉头，这又是春联掌故了。

门　联

说起书春故事，也常常想起北京旧时各家大门口

▼ 写春联

▼ 门神（约1942年）

油漆在门扇上的对联，实际这也等于是春联。不过不是用红纸写的，而是油漆的罢了。还有院中廊子上的木制抱柱，也是春联的永久制品，讲究人家，只要每年重油漆一遍就可以了。这些油漆门联和抱柱的词语，大多和春联是一样的。有一年平伯夫子得了曾孙，极为欢喜。给我来信云：

> 许公到京后甚忙，昨以曾孙来京，邀至戚一观得晤。小儿相貌颇好，曾有句云："含英玉蕊生庭日，解笑鹦雏入抱时。"生甫二月，亦老人痴念也。

我见老人如此高兴，便回信祝贺，并引了一副北京旧日每条胡同中街门上常见的联语：忠厚传家久；诗书继世长。以之为贺辞。不想这样一副最普通的联语，竟中老夫子心目，接着便来信道：

> 远承致贺，谢谢。所引旧京门对，昔时大小胡同随处可见，以为俗套，今则稀如星凤。愚久

不出门，恐竟绝迹矣。移咏寒门，殊不敢当，却
非泛泛。足下熟悉京华故事，方能一语道破，不
胜心铭，事有似偶非偶者，若此是也。

老夫子函中，于谦语中却深以得此一联致贺为喜
也。实际这联正如先生函中所说，旧日随处可见，是
被认为"俗套"的，实际细想想，却又是至理名言，
颠扑不破的。"忠厚"意味着与人诚恳和睦相处，应
该是文明社会的主流。反之则尔虞我诈，这恐怕是任
何社会中都不会公开提倡的。但忠厚并不排斥公平合
理的竞争。"诗书"则是代表了文化修养，任何一个
民族、国家、家庭，如果没有文化修养，那是长不了
的。所以这副联语，虽是封建时代世俗常语，而相对
地说，还是可取的。清代民间大门不许油成红色，都
是黑油小门。四合院小砖门楼，两扇门上刻一副红油
黑字"忠厚传家久；诗书继世长"门对，朴实而典雅，
标准京朝风范，其仪容是别处没有的。相反，另外一
些常见的门联，如"帝德乾坤大；文华日月光""天恩
春浩荡；文治日光华"等等，则全是颂圣的口气，拍

皇上的高级马屁，均无所足取了。

后面这一类联语，在旧时北京四合院的街门上，同前一类一样普遍，这在清代自然是必然的，妙在三四十年代中，故宫的皇帝已下台二三十年了，而在北京胡同中，还常常见到，也可见当时之封建气氛了。

除有这些普通门联外，也还有不少特殊的。那时常经过西四南魏儿胡同，一座大宅子大红门上，刻着一副泰山"石经体"的大四言联："天予厥福；世有令名。"极为气派。据说是北洋政府某总长的宅子，不过我经过时，主人已不住在里面，大门整日双扉紧闭，"天予厥福；世有令名"，威然而又冷落地望着偶然经过的路人，给我留下深刻的印象，迄今还常想到它。由书春说到北京的门联，体系是一致的，都是中国传统文化的点滴表现，传统文化绝响，此事自然也将慢慢消失了。

干干净净过个年

剃　头

旧时过年是大事，粮店、油盐店的小力把、小伙计到年根也都要剃个头，洗个澡，干干净净过个年。

用迷信的话说，过年敬神祭祖，先要斋戒沐浴；沐是洗头，浴是洗身，自从清代剃头留辫子，民国剃光头之后，那"沐"也就包括剃和洗了。小力把辛苦一年，正像"汉乐府"说的"头多虮虱、面目多尘"。过年了，掌柜的也得让他们剃头洗澡，去去一年的脏气。因而过年之前，人人都得剃头洗澡，可惜过去记北京过年风俗的书，很少记到这点，似乎忘了讲卫生了。为此我要补上一笔。不过我小时候，很爱过年，却很怕剃头。或者亦可以说很怕剃头，又很爱过年。这话颠来倒去是一样的，现在的读者看了会感到很奇怪，但那时过年与剃头是不可分的，而且对我来说，却是记忆犹新，虽然说已经过了半个多世纪了。

要说清楚这个，还要从说清楚五六十年前北京儿童的发型说起。那时北京男孩子的发型大约可分四种：一种是留个小辫，这是最老气、最守旧的；一种是剃个精光，这种是最乡里气、有点土头土脑的土劲儿的；一种是小平头，这种是用理发推子推的，比较文明一些了；一种是小分头，这是最洋气的，那时多是富贵人家的孩子才留这种头。

由于这四种发型不同，所以用的工具亦不同。第四种如在理发馆理，那什么剪子、推子都是要用的。第三种用推子，上海人叫"轧剪"的那种工具。第一、第二种，则只要用一种小孩子看来很可怕的东西——剃头刀。也许有人问：既然留小辫子，还用剃头刀做什么用呢？现代人是想不出那时小孩留小辫的样子了。

那是在头心，或是正中，或是偏一边，留下碗口大的那样一片头发，养长了，梳一根筷子粗细的小辫，其他部位的头发都剃掉。那小辫戴上帽子便看不见，摘掉帽子便露了出来，跑起来飘在头上，像条蚯蚓一样，十分好玩。孩子们还编了歌儿唱道：

> 小辫刘，蒸窝头，半拉生，半拉熟（北京语半个日"半拉"），熬白菜，不搁油，气得个小辫直发愁。

小辫周围的头发，用剃刀剃掉时，剃得头皮发青才算完。因此留小辫子亦免不了一剃之苦。我那时没有留小辫，剃成一个秃和尚。邻居孩子虽然有留小分头的，但是我家里大人不许我留。说是长长的头发生长在头上，上火，赶明儿长大就没有记性了，还是剃光好。

剃光头用不着上理发馆，只是门口叫"剃头挑子"来剃，那时"剃头挑子"用的都是老式剃头刀，木头

▶ 剃头挑子（约1925年）

柄，很厚的刀背，不管是"双十字"或是"老王麻子"的名牌货，还是一般刀剪铺的，反正都一样。那刀刃似利又不利，刮到头发上连割带拔，其疼无比。所以，小孩几乎无例外的都怕剃头，叫作"护头"，于是难免被大人按住，一边哭，一边剃，那个罪真难受。平时，大人让剃头，还可以推三阻四，拖延几天。而年根里，要过大年了，还能不剃头吗？只好哭丧脸忍痛牺牲了。所以我说"很爱过年，很怕剃头"，此之谓也。

当然后来家里大人也开通了，给我两毛钱，让我到东斜街口上泰兴理发馆去理发，推个小平头，那就好受多了。不过我仍然不大喜欢理发，年轻爱漂亮时，去理发馆理分头，坐在那大椅子上，听他们摆布，滋味也不好受。有一种无可奈何之感。现在我则是每隔两三个月，找孩子们替我用轧刀轧轧日渐稀疏的烦恼丝，护头的后遗症，似乎一直延续到现在。联想到做和尚的人，要被剃度的剃刀嚓喇嚓喇地剃头，也实在是够可怕的。

洗　澡

　　我从小不爱剃头，却十分爱洗澡。最早在乡下时，洗澡很困难，家中有很大的木盆，要抬到房间中，烧了热水，挑来，洗完，再舀入桶中，挑走，是十分特殊化的，一般人家自然没有，想想这样洗澡是十分罪过的，所以很少洗。后来到了北京，出灵境胡同不远，就是裕华园，温热三池，白瓷砖浴池，洗池子只要八分，洗盆子也不过二角。这样洗澡的次数就多起来了。开始都是跟了大人去，后来自己就约了同学一起去，没有事和母亲要两三毛钱就约同学去洗澡去，感到那是人生最舒服的事，浴室四大皆空，是最自由的地方。夏天凉爽，冬天温暖，又是最好的休息场所。但平时洗澡和过年洗澡又迥不相同。

　　其所以不同，是平时洗澡可去可不去，可以今天去，也可明天去，甚至干脆不去。过年可就不同了，年前的剃头和洗澡，不论年事多么忙，总得安排出时间来做这两件事，是非去不可的。在旧式店铺中，年根里生意再忙，掌柜的也要给伙计、徒弟以及"小力把"（在山东人店铺中刚学生意干力气活的小徒弟）安排好剃头洗澡的时间，而且一定要在年三十晚上吃祭神酒之前剃好、洗好。一般住家户亦都要在三十晚上剃好头、洗好澡。记得有一年，父亲不在家，家中的事由我来操持，家中人多，生活艰难，过一个年可真不容易，直到年三十午夜才把家中年事安排好。这时才抓空出去到裕华园澡堂洗了个澡。年三十那一天，北京城的大小澡堂子，照例天破晓就开始营业，一直忙到午夜过后，年初一的五更天才"下吊挂"，上板休息。（北京所有店铺一天营业时间结束时，叫"上板"，不像江南那样叫"打烊"，更不能叫"关门"。）那年的年三十，已是半夜时分，我赶着去洗澡，澡堂子里面还是灯火辉煌，浴客满座，伙计大声招呼"看座——里边请""这边来一位""垫板儿——"的声音，此伏彼起，不绝于耳。这种热烈的气氛，高声喊叫的带着浓厚的怯腔的京南定兴县老乡的调门，虽然经过几十年了，我在遥远的他乡异地，每当腊尽岁阑之际，仍然亲切地在我耳边回荡着。

洗澡本来是件极普通的事，不要说宾馆，即使条件好的公寓楼，也有卫生间、有热水，自然是随时可洗、非常方便的。但这在几十年前的北京是不可能的。一般人，甚至亦包括很有名气的学者、教授，都是到澡堂子去洗澡。读《鲁迅日记》，就常常记着他去升平园洗澡的事，可以想见当年的情况。不过五六十年过去了，现在北京、上海等地教授冬天洗个澡，似乎比鲁迅时代还困难。北京一般宿舍家中没有浴具澡盆，不能洗，上海有澡盆，太冷不能洗，到浴室去，又挤、又脏、又要排队，而且路途遥远，车辆拥挤，无法去。因而现在的中国教授，尤其是老教授，冬天大多还是不能讲求起码的卫生，不要说每天洗个热水澡，即使一星期洗一次，也办不到。就这一点，连鲁迅时代也比不上了。另外还有奇怪的事，就是有的人从小洗惯澡堂子的大池，即使家里有浴室，亦还要到澡堂子洗澡。据说当年京剧某名伶住家辟才胡同里头，家中房子有卫生设备，暖气，是很考究的，但是他每天还是坐汽车到清华园澡堂洗澡……这是没有体会过北京味的人难以想象的。老年间浴室联云："来时兵部（谐'冰布'）体；归去翰林（谐'汗淋'）身。"只有老北京，才有这样的感受。而年三十晚上的这个澡，意义更为重大，是要洗去一年的寒酸，一年的尘垢，一年的霉气的。说到洗澡，必然要说到澡堂子，文明的说法叫"浴池""浴室"，日本人叫"风侣屋"，上海俗名"混堂"。上海混堂，伙计都是扬州人。北京澡堂子，由掌柜的到小伙计，几乎全部都是京南宝坻、定兴的人。他们在北京服务一生，而乡音到老不改，语尾"儿"字音拖得特别明显，因为他们职业大都是在澡堂子、剃头铺，所以说相声的便常常利用他们的怯乡音编词取笑。有一小段怯音说书词道：

> 这个黄天霸儿，拿着个修脚刀儿，说道："贼儿、贼儿，我给你剃个头儿。"……

这段相声侯宝林不大说，如果让天津郭荣启说起来，那是很好玩的。他们说话除去怯音而外，还有不少怪词：如说"不知道"，他们总说成"知不道"，"干什么"总说成"怎么着"，我和他们交过不少朋友，特别爱听他们说这两句话。他们从事的职业，是大有益于市民卫生的，当时社会上虽然有人看不起剃头的，但那是偏见。他们从事这些行业，都是乡亲引进，师徒相传，由乡下进京赚钱，安分守己，老北京是文明礼貌的城市，不像上海那样，开混堂的都是"白相人"、流氓头子，在北京，澡堂子都是正派的生意买卖。

北京的澡堂子是很值得回忆的，其所以值得回忆，一在于它的方便，二在于它的清洁、舒适，三在于它的服务热情周到。说方便就是东西南北城只要不是太偏僻的城根，附近大街总有一个不错的澡堂子，每天一早就开门营业，直到晚间十一二点钟，你随时可去沐浴，用不着排队等座位。说清洁那真比现在的浴室干净十倍、八倍不止，不要说雅座中雪白光亮，洁无纤尘，就是普通官座，也十分干净，毛巾枕头等绝无异味，天天洗换。

客人衣服都挂在高处，不像现在贮衣柜，一开全是臭汗味，甚至有虱子、臭虫。池子中，浴盆每天用盐粒砂子碱水洗得光可鉴人，白瓷砖像水晶宫。大门口照例有二掌柜穿着银灰或月白短裤褂接待客人，一进门满面堆笑，熟人三爷、二爷、张先生、李先生分外亲热；生人也格外招呼里面看座，由门口一直喊到后堂。至于洗完倒茶、送毛巾，替你擦背，更是接二连三，你只能张手说够啦、不要啦——这样的服务小费您还会不给吗？当然也不会多，一般毛儿八分而已。而且您真要不给，笑脸绝不会改，不是还有下回吗？这热情是真心的。

北京澡堂子内部大体分后柜锅炉房，前柜池塘、盆塘，官座、雅座三部分，另外有的附设理发部。池塘很大，讲究温热三池，就是三部分大浴池，一部分比一部分水温高。盆塘是浴缸。雅座是一个个小房间，有很好的供休息的卧榻，高级的甚至还装有电话，是最好的一浣尘埃，休息精力的好场所。因而北京人洗澡不单纯是洗洗而已。车船劳累，远途归来，到澡堂子洗个澡，再睡上一大觉，解除疲劳；两个朋友，好久未见，我请你洗澡，池子里或是盆里一泡，四大皆空，一边呼热气，一边天南海北一神聊，可以忘去一切忧愁和烦恼，洗完出来，躺在铺上，一壶一毛一包的双薰，又可以畅叙平生；这时如果再谈学问、讲生意、托人情、交情报，亦无不可。据不少做过地下工作的朋友们谈，当时常常把碰头地点，订在各大浴池的雅座中。

澡堂子除了洗澡、理发之外，另外有"搓澡""修脚""捏脚"等。"搓澡"也叫"擦背"，行话叫"垫板儿"，传统的办法，让你躺在一块板上，一个腰里围块毛巾、光身的彪形大汉，把热毛巾裹在手上，在你皮肤上用力摩擦，不但把尘埃擦光，而且能把表皮的死细胞擦掉，擦得你遍体通红。不习惯的人是吃不消的。修脚、捏脚等，可治脚病，但是弄不惯的人，弄了也吃不消，我是从来享不了这个福的。

三四十年代中，北京的名浴室是不少的。西四的华宾园、华宾园北号，西单商场的裕华园，东安市场的清华园，南城杨梅竹斜街的东升平、西升平，都是极有名的，自民国初年就载誉京华了。据说福州请人洗澡，在浴室中要吃点心，甚至摆酒席，搓麻将，吃了洗，洗了吃，再洗再吃，足足要折腾一天。当年东、西升平也仿照这种办法，浴室中有点心部，有非常高级的点心师傅做精致面点，什么鸡丝面、千层糕、小笼蒸饺等，应有尽有，是十分有名的。一般浴室，如裕华园、华宾园等，客人也可让伙计从外面小馆叫便饭或点心来吃。炒饼、炒面、锅贴、烫面饺自不成问题，即使叫个炒鸡丁、木樨汤吃饭也可以。当年都是常有的普通事，现在则已成广陵散，说来有些不信了。如今年纪大的普通人，包括大学教授之类的人士，洗个澡（尤其是冬天）也真不是件容易事了。做一个讲卫生的文明人真不容易，辛辛苦苦半个多世纪了，也还没有盼到。

糖瓜到饽饽

糖　瓜

糖瓜祭灶，新年来到，媳妇要花，孩子要炮，老汉要顶新毡帽，老婆婆要块手帕罩。

此数十年前吾乡腊尽春回时之儿歌也。

糖瓜是麦芽糖拉白吹成瓜形的。北京叫"关东糖"，乡间叫"麻糖"，江南叫"饧糖"，又叫"胶牙糖"。范成大《吴郡志》云："二十四日祀灶，用胶牙饧，谓胶其口，使不得言。"可见江南冀北，是一样的。

北京过年吃食，说得范围广一些，应由腊八粥说到来年二月的龙须菜，或说到元宵。范围小些，则由糖瓜说到煮饽饽了。不知是谁想出来的主意，灶王爷上天去见玉皇大帝，要说长道短，临走小小地贿赂他一下，弄个糖瓜把他的嘴一粘，即使粘不住，这一点小小的甜头，亦足可以把他的嘴堵上，便不敢再说百姓的坏话了。这种风俗，在今天现实生活中，是随处可见一点也不奇怪的。因为现在的灶王爷太多了，而在新的卫道之士看来，自然认为这是十分迷信的举动，但如从另外一个方面去想，却又觉得这是十分带有讽刺意味而又很有生活情趣的一种风俗，而且所费无几。祭灶的供品最简单：一盘糖瓜、一方豆腐、一点儿马料豆、一点儿干草便可以了。即以现在的物价计算，这也是十分便宜的。"上天言好事；回宫降吉祥"的对子，亦只有一小张红纸便可了事，言辞却带有调笑的意思。这副对联，亦不知是出自哪位名家的手笔，应该说是很有才情的作品。可惜当年没有人给他登记版权，多么遗憾呢？

祭灶最重要的是糖瓜。北京叫"关东糖"，因为在清代这大部分是东北贩运来的。"关东糖"实际就是麦芽糖，亦就是饴糖，是用大麦发芽上锅熬成浆，逐渐加热浓缩成为饴糖的。熬糖的作坊在北方称为"糖坊"，这同做粉条的叫作"粉坊"、榨油的叫作"油坊"、烧酒的叫作"缸坊"一样，都是旧时著名的食品加工作坊。所不同的，"糖坊"一般只是冬天才熬糖，天气热了，因气温和湿度都无法熬了。

糖瓜是麦芽糖做的，麦芽糖刚刚熬成时，是咖啡色的浓浆，从锅中盛出，倒在洒满面粉的石板上，冷却，变成一大块，好像沥青一样的东西，不过是褐色的。做糖瓜时，把这大块的麦芽糖坯敲下一大块，放在洒了干粉的案板上加热揉搓，使之变软，慢慢软得像嚼过的口香糖一样了。然后把它弄成一个圈，套在一个抹了油的木桩上，再用一根小木棍套上来拉，拉长了，再折一转，绞成麻花状再拉，反复多次，说亦奇怪，褐色变成白色了。拉到这种程度时，取下，把粗长糖条，用手一段段勒细，成葫芦腰状，稍冷，把细腰处快刀切断，便成倭瓜样的糖瓜了，多好玩呢？

麦芽糖揉软后，压平包炒过的黄豆粉或炒过的碎芝麻，反复包，反复压，压成层数很多的形状，就可做成豆酥糖或麻酥糖了，种类很多，留待后面说"杂拌儿"时再细说。另外吹糖人的、做石版糖画的，用的都是没有拉白的麦芽糖为原料，麦芽糖甜度不及蔗糖，但营养价值很高。不过祭灶的糖瓜并不好吃，小时拿来吃，又硬又韧，咬也咬不动，弄不好，会把牙齿崩掉，可是做孩子时，还要啃它，也真怪！

杂拌儿

俞平伯先生过去有一本文集，起了一个很好玩的名字，叫作《杂拌儿》。这个书名，外地人看了，感觉不到十分亲切，甚至还有些不理解，而北京人看了，却感到特别亲热。俞先生十六岁由苏州去到北京，后来虽然曾回过南方，并且在上海中国公学教过书，但那都是短时期的，其余时间则都在北京，可以说是以

▶ 卖杂拌儿的

▶ 正月街上的干果摊（约1942年）

南方人而久居春明，成为完全京朝化的学者了。所以书名亦起的是富有京朝风味、春明乡土气息的《杂拌儿》。

什么叫"杂拌儿"呢？这是北京旧时过大年时，无论贫富，家家都要预备的一种食品。对于过年最感兴趣的就是一帮孩子们，他们除了穿新衣、戴新帽、给长辈拜年磕头、拿压岁钱而外，更重要的就是有好东西吃。而在零食中，瓜子、花生而外，最普通的就是"杂拌儿"了，杂七杂八样样都有。那些比较讲究的家庭，有高贵的客人来，就端上果盘来，细细吃茶，像《红楼梦》中袭人家里招待宝玉一样。那亦是正月里接待客人的时候，有的是细果盘，而袭人还认为没有什么可吃的，给宝玉拿了几粒松子仁，吹去细皮，给他吃。至于对待焙茗呢，那就不会这么细致了，最方便的，就是捧一大捧"杂拌儿"放在他衣袋儿里，让他自己摸着吃。

"杂拌儿"简言之就是把一些甜的干果、芝麻糖之类的东西混合在一起。大体上有这样一些东西：瓜条、

▶ 卖果子干的

▼ 卖西瓜

青梅、蜜枣、山楂糕、花生粘、核桃粘、麻片、寸金糖、豆沙馅芝麻糖、雪花馅芝麻糖、油枣、枇杷条、小开口笑、糖莲子、米花糖、虎皮花生、虎皮杏仁等等。过去没有西式糖果，一直到清末才有进口的瓶装"摩而登糖"，至于什么太妃、牛轧、朱古力等等，当年老北京是很少听到的。因而同"杂拌儿"近似的是"什锦南糖"，就是把麻片、寸金糖、黑白芝麻糖、各种灌馅芝麻糖混杂在一起，就叫"什锦南糖"，而再加上瓜条、青梅、蜜枣等就成了"杂拌儿"了。新年新岁，要喜气洋洋，"杂拌儿"在色彩上显示了这点，红的是山楂糕，绿的是青梅，金黄的是开口笑、油枣，粉红的是染了色的花生粘、核桃粘，不但色彩鲜嫩，而且吃起来亦又香又甜又脆。

"杂拌儿"有粗、细两种，粗杂拌儿便宜的东西多，如柿饼、米花糖等；细的就高级多了，有金丝蜜枣、糖腌莲子等。其中芝麻酥、芝麻片、寸金糖之类的都是麦芽糖、绵白糖、黑白芝麻制成的中式糖果。都是又酥又脆又香的很好吃的东西，其中加的油料也都是小磨香油，有一种粘满芝麻、中间又包了细澄沙的特别好吃。做时是把麦芽糖拉白压扁、揉上炒芝麻，拉成长条压扁再包澄沙，做成长条，用快刀切片。我没见过单卖这种东西的，只有混在"杂拌儿"或"什锦南糖"中的，我小时专爱从大堆的杂拌儿中捡这个吃。还有蜜枣，过去的蜜枣都是油亮湿润透明的，又大又扁，真漂亮，上面的丝纹像指纹那样细，真好吃，现在，这些东西都不知哪去了。

前人词云："一盘除日消寒果，吃果看花只清坐，罪过梅花应笑我……"这可能就是随意吃一盘京杂拌儿吧。可惜这已是消失了的旧梦了。多少年没有吃"杂拌儿"了，这么大岁数，难道真是那么馋吗？只是在这岁尾年头，苦苦地思念故乡那个情调；何况，那蜜枣也真甜啊！

煮饽饽

北京人过年，有件极为重要的事，也就是最最最为重要的事，就是吃包饺子。这不只是北京人，大抵北方几省都是这样的。大年初一吃包饺子，平时也吃饺子，但那不算什么。再说饺子也并不是最好吃的最讲究的食品，北京过去不要说大馆子，即使小饭馆也不卖饺子。只是包子铺、饺子铺这种专门铺子才卖，是最普通的食品。但到了过年时，吃饺子则不同了，是有特殊意义的。这风俗至少从明代开始就是这样了，而且不只是老百姓家，连住在皇宫内苑的皇上家都是这样的。刘若愚《明宫史》（此书又名《酌中志》）"正月"记云：

> 正月初一五更起，焚香放纸炮……饮椒柏酒，吃水点心，即"扁食"也，或暗包银钱一二于内，得之者以卜一年之吉。

刘若愚是个太监，所记均明代宫中事，而其岁时风俗则与民间一样。他不叫"水饺"，却叫"水点心"，是很有趣的。把水饺当点心，则颇似江南的习惯。而"水饺"一词，基本上亦是江南叫的。北京一般只叫饺子，或"包饺子"，而很少叫水饺，除去与烫面饺区分时才加"水"字。而文中"扁食"一词，却是地道的北京土语。再有老北京的说法，那就叫"煮饽饽"了。娶新媳妇，按照"妈妈大全"，重要的一个项目，就是吃"子孙饽饽"。新郎新娘第一次同桌吃饭，傧相故意端上一碗煮的不熟的水饺，给新娘吃。新娘咬一口，别人问："生不生？"回答说："生！"这就是大吉大利，意味着能够生贵子。但是这不叫"子孙饺子"，亦不叫"子孙扁食"，只叫"子孙饽饽"。可见把水饺叫成"煮饽饽"，是最尊贵、亲切的叫法。

过去我写小文曾经谈过"饽饽"一词的不同涵义。这里不再细说，总之，凡是香甜可口的食物似乎不少都可以叫作"饽饽"。因而加以引申，受欢迎的、惹人喜爱的人亦可以嘲之为"香饽饽"。反过来说，"煮饽饽"作为大年初一的最好的食品，数百年受人喜爱，风俗流传，迄今不变，亦是有其历史原因的了。旧时有一则很有意义的歌谣云：

夏令去，秋季过，年节又要奉婆婆，快包煮饽饽。皮儿薄，馅儿多，婆婆吃了笑呵呵，媳妇费张罗。

这是一首很生动朴实，有乡土气息的民歌。把包饺子的要点，说得十分简明扼要。皮儿薄、馅儿多，这是关键。皮儿、馅儿细说都有讲究。皮儿的面在未有机制面粉之时，就分一罗到底的黑面，二罗白面，也叫重罗面，甚至有三罗、四罗其白如雪的飞白面。就是罗了再磨，磨了再罗，越罗越细。当然这是有钱人家的考究吃法。自从有了机制面粉厂的袋装面粉后，北京人叫洋面，三十年代间，大多吃福兴厂的面，不过粮店也还有不少自己有磨房的。至于馅子，那种类就更多了，最高级三鲜馅：海参、虾仁、白肉丁；其他猪肉、猪肉白菜、羊肉、羊肉红萝卜；素馅：干菠菜、金钩米、炸豆腐、口蘑、粉条末……那是说不完、道不尽的。擀饺子皮，是一手功夫，会擀皮子的巧媳妇，擀起来又圆、又薄、又快，面团不停旋转，双手像飞一样。自然，和面、拌馅，无一不有讲究，但擀皮子是最带技术性的一步。清人李光庭《乡言解颐》中载包饺子诗云：

> 细矸霜肤薄，弯环味曲包。
>
> 拈花生指上，斗角簇眉梢。
>
> 轻似月钩漾，白如云子抄。
>
> 主人非目食，饾饤莫同嘲。

诗并不好，但饺子入诗，也难得看到，十分新鲜了。另外，过年吃煮饽饽，千万不要忘记腊八醋和腊八蒜，吃过煮饽饽，就算又过一年了。

福禄寿喜

喜　神

几十年前，北京人过年，即今天的春节，不论贫富，有一本书，必然是要买的，那就是历书。清代因为是钦天监颁发的，代表皇家天文律历机构颁发的，所以又叫"皇历"。明、清二代，每年十月初一钦天监颁发历书给百官，市面上也就有卖历书的了，直到过年。《春明采风志》记云：

> 十月颁历，在官皆领，以后书肆出售，街巷亦有负箱唱卖者，又有卖春牛图者，牛儿、芒儿，

一文钱两张，谓之小黄历。又逢奇怪事，有卖图儿者，行喊其事。

卖皇历的小贩，身背捎马（两面有插兜的布袋）沿胡同用尖锐的声音叫卖："卖皇历——"这种市声，直到三十年代，没有皇帝已二十多年了，仍然这样吆唤着。

现在看见过旧时历书的人越来越少了，这是一本非常有用而又奇怪的书。可说是一本"万宝全书"。有关天文节令的记载：什么某日某时某刻立春呀，黄道、黑道呀，日蚀、月蚀呀，宜沐浴、不宜出行呀，上上、上中呀，五花八门，应有尽有，民国以后，还印上什么总统何人，总理何人等等。小户人家买本这样的小书，什么问题都能解决了。农民家则更为重要，因为一年不违农时，辛勤耕作，全靠它呢。自然，用科学眼光看，好多都是迷信材料；而用历史的眼光看，那又代表了那个时代的认识和生活面貌。其中又有它科学的成分，如"黄道""黑道"，一般人不知道是什么，以为纯属迷信玩艺儿，如问有天文知识的人，便了解它的涵义，而是专门的知识了。

在历书正月初一到初五，这五天中某一天的小格下，什么黄道、黑道、宜沐浴、不宜嫁娶等等小字的下面，又用大字印着"喜神正北"或"喜神西南"等字样，这是干什么呢？这就是过去由皇家到民间，每年一度的"迎喜神"的日子。"喜神"是什么呢？其义有三：一是旧时称遗像为"喜神"，就是在拜影篇中所说的；二是旧戏台上用的假小孩，如《四郎探母》铁镜公主抱的婴儿道具叫"喜神"；三是吉神曰"喜神"。迎喜神用第三义。

喜神说它是迷信的，但又不是凭空想出的一个神灵，而是计算出的一种方位。据《协纪辨方书》记载，喜神方位是按干支日时和八卦方位计算。如甲巳日在艮方，寅时；乙庚日在乾方，戌时；丙辛日在坤方，申时；丁壬日在离方，午时；戊癸日在巽方，辰时等等。

历书上查明喜神方位，清代皇家要举行仪式，按喜神方位，赶神牛到郊区以迎喜神，牛要披红，鼓乐以送，司牛官要鸣鞭，谓之"鞭春"，以尽一日之欢，是一种很古老的农事风俗。

民间养牛之家，也要举行此典，这是十分有趣的。到迎喜神那天，把在黑乎乎牛圈里关了一冬天的牛牵出来，牛乍见亮光，眨巴眨巴大眼睛，自己颠颠地向村外出去。后面跟着大人孩子，敲着锣鼓，同时把长鞭子在空中一抖发出啪啪的声音，并不打在牛身上，既脆又响，谓之"响鞭"，牛到了郊野，奔啊，跳啊，用角触弄塍畔的泥土……欢乐极了。

三十年代，北京城里，已经没有什么人家去为迎喜神而举行仪式了。但在北京四郊，这古老的风俗还十分普遍。尤其是农民养牲口的人家，包括牛、骡、马、驴子，更注意迎喜神，在年前早已在皇历上看好迎喜神的日子和方位了。如果立春在正月初，那就更好。记得在乡间时，有一年正月初三立春迎喜神，在正北，那天家中帮工们兴高采烈，把两头关了一冬的老黄牛牵出来，把几头骡子也赶出来，统统赶到村北小河边田里，放它们在地里随意闲玩，人们却就地撮土为垒，上香、烧黄表、奠酒、磕头，然后放百响，哔哔啪啪，老牛先还愣着，后来跑到田塍间，用双角拼命撞击塍畔的泥土，而骡子们转着圈跑过去，又跑回来，最后全躺在地上尽情地打滚……牲畜通人性，全像一群顽皮的孩子一样尽情打闹欢乐……这就是迎喜神之乐，兽犹如此，何况人呢！

福禄寿

新年新月，人都爱听个吉庆话。元旦之后，便是春节，按过去说法，叫作"阳历年"和"阴历年"，就是一个按照太阳历计算，一个按太阴历计算。中国人还习惯过阴历年，尽管已改名为春节，但其热闹情况却远远超过元旦，人们见面，还不免互致吉语，说一声"恭喜、恭喜……"或"恭喜发财，恭喜发财"。

当年北京人更是如此，不但民间如此，皇家也是如此。道光十七年（一八三七年）阴历十二月二十七日林则徐在"日记"中记道："帮贡差曹正全回楚，奉到恩赏御书'福'字、'寿'字两幅，狍鹿肉一总封，恭设香案敬领。"

这就是清代皇上过年赏大臣的吉庆话：福、禄、寿也。福、寿是写两个字，而禄则是谐音，用鹿肉来表示，又滋补有营养价值，名称又好听，而且是由山海关外来的，是清朝的"发祥"之地，所以从清初一直到清末，过年时都要赏大臣鹿肉，其意在谐"禄"之音，凑成"福、禄、寿"三者俱全也。

而"福、寿"则是写在纸上的。什么纸呢？是印有细线泥金花纹的朱红蜡笺。当年写字，按纸的性质来分，是两大类，一是不同种类的生宣纸，如夹贡、玉版、六吉，以及染成梅红色及红、黄花斑的梅红宣、虎皮宣等。另一种是用宣纸加工成的、用蜡捶过的各色蜡笺。蜡笺如现代之有光纸，有亮光，十分好看，但不吸水分，因此写字新时墨色发亮，而年久墨会脱落。新科翰林写对联送人打秋风，都用朱红、大红蜡笺裱好的现成对联来写，因其喜气洋洋，华赡漂亮。但若干年之后，卖给古董商，同样一个人的对子，蜡笺只及宣纸一半的价钱。皇上赏给大臣福、寿字，照例用蜡笺斗方写。所谓"斗方"，就是老式斗口大小的正方形，约合市尺一尺五寸见方，四周都印有很复杂的龙纹及其他吉祥花卉花纹，写时对角写，尖向上，很大的福字、寿字写在中间。京内大臣及外省大臣，一般都要赏赐。京内南书房行走、尚书以上至亲王，外省巡抚、总督、将军等，外省由折差按驿站递送，最远云贵总督、新疆伊犁将军都要得到。前引林则徐"日记"，就是他在湖广总督任上所记。道光十五年他任江苏巡抚时，也受到同样赏赐，不过只有"福"字，少个"寿"字。清代宫中十二月初一有开笔书福之典，后改十二月二十日。《养吉斋丛录》记云："面赐福字者……以次入跪案前，仰瞻御书毕，即叩头谢，两内监对持龙笺而出。叩谢者，正当福字下……或加赐寿字，则预书也。"外大臣自难得到"面赐"，只好摆香案恭领了。

雍正四年，曾有"朕手书福字赐内外大臣"的上谕，但够得上这种赏赐的大臣并不多，像《红楼梦》那样的贵戚家，也还够不上，所以书中没有写到。因为很稀少，所以得到的自然特别珍贵了。《林则徐日记》记云："即恭装匾额悬于二堂，九拜叩谢。"就是把"福、寿"等字幅，精裱在一块木板上，挂在堂屋正中。几十年前在北京，给亲友家拜年，还有那些祖上做大官的人家，在堂屋中挂着"圣赏"福、寿斗方，显示了京朝旧家的华瞻。自然，也有的人家，子孙不肖，家事式微，这些玩艺儿就流落到琉璃厂古玩铺当作商品，甚至被外国人买去了。

现在很难见到这"福、寿"字幅，年轻人自然不知其所以然了。前两年有一人突然来找我，拿着一幅给我看，问我这玩艺儿值钱不值钱。细询其家世，只知其祖籍是江苏淮阴，清代"清江浦"，是清代河道总督驻扎的地方，但他自己也说不清他祖上做过什么，只问"值钱不值钱"，深令人感到可怜、可叹、可笑而且可厌了。联想到若干年前，有亲戚家没有钱过日子，把祖宗遗容卖给琉璃厂画铺，也可能出口给外国人去供养了。能不同为之喟然长叹乎？相反，自己倒深庆没有皇上赏"福、寿"字的祖宗，抄家时既未抄走，也不会发还到手中，再满处去找主顾出卖祖宗的荣誉。这难道真如老子所说的"祸兮福所倚"吗？

但哲学地说祸福、宗教地说祸福，对于常人来说，都没有必要。新年新月，说个吉庆话，"多福多寿，加官进禄"，讨个口彩，听的人高兴愉快，生活中便增加一些欢乐的气氛。旧时旧历年在院中摆"天地桌"，后面供"天地马儿"（即神像）或一座画着"福、禄、寿"三星的插屏，中间一位朱袍纱帽的"官"，两手展一小轴子，上书"天官赐福"四字，一旁是南极寿星老头儿，另一旁则是散财童子，这个"三神小组"总是在一起不分离，现在谁要感兴趣，还可以到瓷器店去买，那里有景德镇烧的细瓷"福、禄、寿"三星，买了和维纳斯石膏像摆在一起，可以来个东西方神像大聚会。

新春吉福，"福"字最普遍，有情调最好的，首先我最怀念有些人家影壁墙上贴的大红"福"字，小时候给人家去拜年，一进大门，迎面影壁墙上，鲜艳的双红纸大斗方，乌黑油亮的大"福"字，首先像火一样映入你的眼帘。有的考究人家，是木制朱红漆金字斗方，"福"写成《圣教序》帖意的草书，整个字向右上方挺起，显现了右军法书的劲俏之处，更使人感到古色古香。

用大红丝绒制成小"福"字、小"寿"字，那是簪在鬓边的花胜；由闽粤远道而来堆在果盘的朱红果实，那是引诱儿童的"福"橘，同样还有印有"福""寿"字的福寿饽饽……这些都是祝您多福多寿，加官进禄啊！

升官图

《京都风俗志》中记京都除夕盛况有句云："家庭举燕，少长欢喜，儿女终夜博戏玩耍。"其他书中记到这点的也很多。《红楼梦》中也有过正月里"赶羊"掷骰子，贾环赌输赖账，受到凤姐斥责的描写。可见北京昔时在过年时家庭中做一些赌博性的游戏是很普遍的，当然只是玩玩，为了取乐，拿少量的钱赌个彩头，并不是真的赌钱。几十年前，在北京度过童年的人，大概不少都有点这类游戏所留下的欢乐的记忆吧。

过大年时，每个小孩给大人拜年，都能得到一些"红包""压岁钱"，大人们也允许孩子们在家中做些赌博游戏，如掷骰子呀，用"牙牌"推个"小牌九"呀，一张张接个"龙"（有时叫"顶牛"）呀，而这些游戏中，最有趣味的也是输赢最少的，不能算作游戏的，莫过于玩"升官图"了。

"升官图"是一张木版印的按照明、清两代官制排列的格子图，正中一个长方形格子，分成三个竖格，顶头二个大字：中间"太师"、右面"太傅"、左面"太保"。大字下面，用横线隔开，用小字注明"德、才、功、赃"四种奖惩办法。如"太师"下注："德进贺双仪""才进贺单仪""功致仕还乡""赃贬吏部主事"。就是用四面写了"德、才、功、赃"的"拈拈转儿"（即陀螺）旋转，转出什么字就得到什么结果。由哪里玩起呢？这张正方形的图，围绕中心"内阁"太师处共分三圈，都是一样的格子，按上下级分出各种衙门，如京中"六部"、外省督抚州县都有。在一边有一行横排竖格，是"出身"，由"白丁"到"状元"共十五六格，把明、清二代可以作为"出身"的都列上了。玩时就是由"白丁"玩起，最后的目标是进入"内阁"为止。

当时这张表格式的图纸，是木版刻制刷印的，有二尺见方，有刷成红色的，有刷成黑色的，在年画摊子上都能买到。除去这种最常见的由"白丁"开始到"太师"为止的明代职官制式的"升官图"外，我还看见过由"小学"到"大总统"为止的民国元二年间编印的新式"升官图"；也见过"红楼梦升官图"，最中心"太师"的那一格是"史太君"。其他格子如何排列，如何升降，就记不清了。这也是别开生面的玩艺，为迎合清代社会上"开口不谈《红楼梦》，此公缺典定糊涂"的风尚而刻制的。那个陀螺，我在古玩铺见过，用红木刻的，字填朱、绿、蓝、白四色；用象牙刻的，字填朱、墨两色，都很精美。但买不起，一般孩子们，都是用木头自己刻了，写上去的。好在那时上学的孩子们，银朱砚台和墨砚都方便，四个字中"赃"字一定要写黑的，墨吏嘛，谁不恨呢？

玩时各人先准备一个标记，置放"白丁"处。随着旋转陀螺，按结果移动标记。如"白丁"下注云："德秀才、才监生、功童生、赃不动。"这样旋出"德"来，标记就移到"秀才"一格中，其他依次类推。"赃"本来是应该降级的，但"白丁"无处可降，只好不动了。再如"知县"格，那便是："德知府、才知州、功不动、赃典史。"这样就是两个升的机会，一个降的可能，一个不动，这样逐步升上去，直到内阁，才能得到"贺仪"，赢一两个铜板；弄不好，刚刚进去，又旋一个"赃"被贬了出来，还要再旋半天才能进去。玩这个，也许有人说，这不是从小就想升官吗？但是也使孩子们从小就知道：贪赃的事情是实在做不得的。

顾铁卿《清嘉录》记云：

又以官阶升降为图，亦六骰掷之，取入阁之谶，谓之升官图。有无名氏《升官图》乐府云："一朝官爵一张纸，可行则行止则止。论才论德更论功，特进超升在不同。只有赃私大干律，再犯三犯局中出。纷纷争欲做忠臣，杨、左、孙、周有几人？当日忠臣不惜命，今日升官有捷径。"

按顾铁卿所记，是掷骰子来决胜负，进官阶，大概是点数来分"德、才、功、赃"四等。那样玩要比直接用"拈拈转"来转德、才、功、赃复杂多了。我小时从未用骰子玩过，何况要六枚骰子，那更难想象了。后面所引的诗是大有感慨的，而且讽刺很尖锐，很明显。看内容可以想见是晚明的作品，大约是崇祯时打倒阉党之后所写。所说忠臣杨、左等人，杨是杨琏，左是左光斗了。在此之前，魏忠贤得势时，不可能这样说，在此之后，到了清代，就更不同了。于此亦可见升官图游戏，明代已很普遍了。据传升官图是明代倪鸿宝所造，图中皆明代官职，这点似乎是可靠的。至于唐代房千里《骰子选格序》所说："以六骰双双为戏，更投局上，以数多少，为进身职官之差。"这样升官图游戏历史可以上溯到唐代，不过这如何玩法，是否有图，早已失传了。

小时玩升官图，大多还是"出身"开始，由"白丁"到"状元"，官阶由县、州、府到六部，最高太师、太傅等。因为玩耍，对封建官吏名称进级都很熟习，从中也得了不少历史知识。对于小学、中学直到什么内阁总理的新式升官图大家都不感兴趣，我也没有玩过。

闹元宵

舞龙·耍狮

在电视屏幕上常看耍龙灯和耍狮子，有不少次甚至看到外国城市如伦敦、马尼拉街头也在耍，看上去十分亲切，似乎看到老乡亲一样。龙灯和舞狮在中国各地都有，虽然各地造型稍有不同，但大体都差不了多少，北至塞北，南到海南，西北东南，其风格都是一致的。但在我的心目中，却思念着北京的——具体说是离开北京若干里路的故乡的龙灯和"狮子"，我感到那是最美的，时常在我甜蜜的记忆中萦绕着。

先说舞狮：

舞狮的历史很久了，唐代白居易有著名的诗歌赞美过它，那是来自西域的玩艺，其后代代相传，直到今天。南北各地狮子的造型稍有不同，我童年时熟悉的故乡的狮子，它完全是按照北京寺庙宫殿门前蹲着的那对狮子的形状造的。狮子的头部是上、下两片简单木架子，在简单木架子上，用竹篾编成弧形的像狮子头骨般轮廓。上面再用老式旧账纸——即麻纸或东昌纸，一层一层地裱糊好，晒干，这样轻轻敲打，像鼓皮一样，嘭嘭发响。眼睛是两个圆洞，再嵌上一个黑油漆圆球。在裱糊好的纸上，先刷桐油，再上绿油，描金、描黑，全部油漆一新之后，就是一个亮光光的、绿色威武凶猛的狮子头了。

尾部亦有竹木圆形架子，亦同样裱糊好，油漆成绿色，再装上象征性的尾巴，这样便很像狮子的臀部了。狮子整个身体实际是一块布，上面一排排钉好青麻，拖得很长，全部用绿颜色染过，一抖动，毛茸茸的很像狮子的长毛一样。

舞的时候两个人，一个高个子，把狮子头套在自

己的头上，有两
根带子，可以挂
在两肩上，分量
不太重，两片架
子各有一根横
木，用右手握住
上面横木，左手
握住下面横木，
这样上下一开合，

▼ 舞狮（约1926年）

就如同狮子的嘴在不停地张动了。两手握横木左右摇
摆，那就是狮子在摇头了。那块钉满绿毛的布，前端
连在头上，后面连在尾部架子上，另一个小个子的人，
把狮子尾部架子背在背上，低头蒙在那块布中，弯下
腰，两手揪住前面那个人的腰带，随着他的动作，要
表现出狮子腰部摆动和摇尾的动作。老实说，扮狮子
尾巴的人是苦差事，我小时扮过，又闷气又累，玩不
了多少时间，就一身臭汗，急忙想找替工了。

过去北京有"万年永庆狮子会"、有"狮子圣会"等民间狮子会，在各村庄闹元宵耍十五时也都有。狮子一般每对两只，两对前后跟着耍，有的还有一个小狮子，是一个人装，爬着舞，比两个人舞的大狮子更吃力。狮子舞一般叫"太狮""少狮"，叫封建时大官太师、太傅、太保的声音。最大的官是"老太师"。舞狮也有乐，那就是大锣大鼓，所以每一对狮子必跟一套锣鼓，一边敲打一边舞，耍时的步伐及摇头摆尾的动作，都是跟着锣鼓的节奏来动的。不然，耍的人闷在头盔里面，如何看得见外面，那不要瞎舞乱撞吗？

等到锣鼓停了，也就舞完了，走在路上时，有时前面的人把上半身从狮子嘴中伸出来，把狮头斜挎在身上，后面的人，也直起腰来，把头从下面伸出来，绿毛片子斜披在身上，一路说说笑笑，已不是狮子，而是奇形怪状的人了。这时你看了也许会突然想起"露出马脚才是真脚"的谚语，更感人生如戏了。

说完了狮，再说龙，或者说叫龙灯。

龙灯亦是南北各地都有的。虽然不少地方是白天出来耍，但其来源是龙灯，所以纵不点灯，亦可以龙灯名之。各地制造亦是大同小异，有的地方制造得太简单，龙头不像龙头，龙身只是涂了颜色的一个大长布条子，大白天地在街上绕来绕去，显得十分寒伧，老实说，这样的耍龙灯，亦没有什么好看的。

而北京山乡的龙灯是很值得一看的。先说龙头，是木架、竹篾扎成的龙骨架子，外面糊纸，装上龙角、龙须，同画上画的龙头十分相像，是很高大威严的，架子里面有几处插蜡烛的地方，晚上玩，点起蜡烛来舞，光闪闪的。因为龙头高大，所以耍起来时，要一位彪形大汉来掌握，力气小是舞不动的。

龙身连龙尾，一共八节，加龙头共九节，以每节二三尺计，全长一般不到三丈。每节龙身，是一个横着的筒状架子，下面有三尺多长的柄，架子两边糊上纸，画上龙鳞，上面中间留口，可以插蜡，可以点蜡，每节与每节之间，用白布连接，亦彩画龙鳞，这样一节节连在一起，由龙头到龙尾，鳞甲片片，便像一条真龙了。

龙不能只有一条，所谓"二龙戏珠"，必须要有两条龙，而且不能一样颜色，我们少时常见的山乡那两条龙一条画青鳞片，曰"青龙"，一条画黄鳞片，曰"黄龙"，每节两个人来撑，一条龙十八个人，鱼贯前行时，一前一后，如果舞起来时，那就要龙头对龙头，左、右相反的方向探首、盘旋，随着锣鼓点，撑"珠"的那个人，要把"珠"按节奏在二龙的头部晃动，引逗得两条龙翻江倒海般怒斗，这样就把观众的情绪引向高潮了。

不管舞狮亦好，耍龙亦好，都是晚上玩的玩艺。现在各国文艺界，都在大谈其朦胧诗，大谈其朦胧美，我想世界上的确是有朦胧美的。似乎有的东西，在光天化日之下，并不好看，而在月光下或不大明亮的烛光下，就会产生一种十分美丽神奇或娟秀飘渺的感觉。由乡下住到北京，在街头看走会的太狮、少狮，带着大串铃，哗啦哗啦地跳动，只觉得十分热闹、好玩，但并不见得美丽。而在山乡中，在朦胧的月光下，围着密密的人圈，大家撑着小纸灯笼，在跳动的密锣急鼓声中，一对庞然大物的狮子带着串铃翻滚着，跳跃着……人堆中忽然有人放起太平花来，那耀眼的白色火星射到狮子绿毛上，人们欢呼着，这该是多么美的童话境界呢！

高　跷

看电视时，某些别人不一定发笑的镜头，而我却不禁发出会心的微笑。比如看到某些国家狂欢节日街头游乐人群中，有装假脚的高人出现，走起来摇摇晃晃，因而想到，这不同我小时候在北京看过的"高跷"一样吗？是中国学外国的呢，还是外国学中国的呢，还是各自同时创造的呢？这还有待于精通古今中外的人考证一番。

小时候在北京，我十分爱看"高跷"，腊月里正月里，四郊农民一二十人扮上角色，一堂锣鼓丝竹，踩上高跷，扭扭摆摆进城串街走巷表演。北京人家，一般都关着大门过日子，听见外面的锣鼓丝竹声，是什么呢？孩子们最好奇，打开大门一看，哦，踩高跷的过来了，进来玩玩吧。一个一个，弯着腰，低着头，高抬脚，迈过门坎，从大门洞进来，孩子们又好奇，又幼稚，十分惊讶地看着他们，觉得大门洞对他们说来太低了。看着他们，孩子们觉得自己更小了，真像小人国遇到大人国的人。

高跷能玩些什么呢？大头和尚戏柳翠、小二格赶驴、傻公子上京、渔樵耕读四时乐等等。高跷只能摇摇摆摆地走着表演，而且走的是一定步伐。领头的是大头和尚，手里敲着木头梆子，随走随敲，表演的人，按照他敲的快慢来扭着走，手上再做一些动作，如扮小媳妇的，一手贴着腰，一手甩着手绢；扮小二格的，摇着赶驴的鞭子，表演时走的路线，走圆圈、走拗花（如两个英文字母大写S交叉）、走四门斗（四角对穿走三角斜）等等。

休息时更好玩，即不能站定不动，又不能坐，必须靠在墙上或窗户边站着。我看靠在窗户边站着的大头和尚，把木梆夹在腋下，把头套推上去挂在头上，掏出烟袋、烟荷包、打火镰悠闲地抽烟，我出神地看着他，但他并不注意我，他哪里想到他那刹那间的神态，给我会留下永久的印象呢？

他们穿的都是一些旧戏衣，所有女性，都是农村小伙子们扮，擦一脸怪粉，好像石灰墙一样，再抹上红红的胭脂，把脸上和嘴上抹得都吓人，这副打扮，可以说是十足的"村"样，说俗也真俗到极点，但大俗之极则是另一种"雅"，其风土感、社火味，是任何高级歌舞雅乐所不能代替的。

日本青木正儿氏所编《岁时图谱》，后由内田道夫教授解说、平凡社出版的《北京风俗图谱》，有一幅"高跷图"，"渔樵耕读""小二格赶驴""朱光祖盗九龙杯"等戏装人物都全，标题是"道化芝居""竹马芝居"，说明是民间歌舞，农民收获后正月里自我娱乐的游戏。就是秧歌戏，同东北二人转一样，不过一队高跷由十或二十人组成。

高跷是秧歌的一种。《京都风俗志》也说：

> 秧歌以数人扮头陀、渔翁、樵夫、渔婆、公子等相，配以腰鼓、手锣，足皆登竖木，谓之高脚秧歌。

《定县秧歌选·绪论》也说："北平唱秧歌的人，脚底下绑上三四尺高的木棍，叫作踩高跷脚。"这种形式，在清初就十分普遍了。施愚山诗云："秧歌椎击惹闲愁，乱簇儿童戏未休。见说寻常歌舞竞，大头和尚满街游。"这种古老的带有泥土气的玩艺，给孩子们的欢乐，可以说超过了梅兰芳的《天女散花》。岁尾年头，想起童年的欢乐，岂止是惹闲愁，实实在在是无限乡愁了。

灯　谜

谜语是正月里元宵节玩的玩艺。又叫"春谜"，又叫"灯谜"，又叫"灯虎"，又叫"文虎"，又叫"闷闷儿"，又叫"谜谜子"，又叫……又叫什么，我不知道了。查查书，据说又叫"隐语"，又叫"廋词"，又谓之"离合体"等等。一个小玩艺，居然有这么许多名称，你说好玩不好玩？这难道不是人们的智慧结晶吗？这难道不也是神州文化海洋之一滴吗？绝不能以小道视之，而把它排在文化艺苑范畴之外。

下面我先把这些名称稍作解释：其曰"春"、曰"灯"者，因为它是春初元宵前后看灯时的玩艺。《红楼梦》元春在元宵省亲之后，派太监从宫里送出谜语来给宝玉等人猜，不就是粘在一个小纱宫灯上的吗？为什么一定要粘在宫灯上，而不装在一个信封里呢？因为猜谜语的游戏，照例是在灯节中看灯时的趣事，所以要粘在灯上，后来贾母主持灯谜雅会，也特地做了一架"灯屏"。不只《红楼梦》写到这事，在《二十年目睹之怪现状》也写到这事。写元宵之夜在宣武门外胡同中看一些好事之家，在大门口灯笼上贴的灯谜，评论哪一个作得好，哪一个作得不好，书中并记录了不少有趣的巧灯谜，可惜手头无书，不能抄几则以飨

▶ （清）钱慧安《福禄寿图》

▼ "福禄寿"三星年画

读者。有兴趣的人，不妨去查一下原书。

北京旧时特别讲究元宵猜谜语，小说中所反映的都是当时的社会风尚。康熙时柴桑《燕京杂记》云："上元设灯谜，猜中以物酬之，俗谓之'打灯虎'。谜语甚典博，上自经文，下及词曲，非学问渊深者弗中。"这段文献就说到第二名称，沾一个"虎"字，猜谜语说成"打灯虎"，多么可怕呢？这是把猜谜语得到"猜头"（即赠品）和打猎的猎获物等同起来，而且认为很难得到，没有把握，像打猎得到老虎一样难，所以称之为"灯虎""打灯虎"等等。

又因其是文人游戏，要根据文思才情来编、来猜，是旧式书房中塾师和学生最喜欢玩的玩艺，所以又称之为"文虎""雅谜"。所得赠品，正如《红楼梦》中所写，也都是纸笔墨砚等文墨用品，得不伤雅，取不伤廉，同一般赌博性的得彩不一样。自然也如俗语所说"秀才人情纸半张"一样，受到人们的善意的嘲笑。光绪《都门纪略》灯虎诗云：

几处商灯挂粉墙，人人痴立暗思量。

秀才风味真堪笑，赠彩无非纸半张。

这就是嘲笑猜灯谜的穷秀才呆相的诗，其实写这诗的又何尝是达官贵人呢？也同穷秀才差不多。正因如此，所以写来有如自况，人读了后特别有味了。

但是谜语有雅俗之分。如蔡中郎书曹娥碑阴八字："黄绢幼妇，外孙齑臼。"杨修解作"绝妙好辞"四字。《三国演义》据之写了一段很好的故事。曹操都一下子猜不透，可见其多么深奥了，实际这也是一个谜语，不过是文人学者的比较深的雅谜。至于"麻房子、红帐子，里头住个白胖子"，猜作"落花生"，这便是文人学士认为的"俗谜"，而是孩子们所喜欢的"猜个谜儿，破个闷儿"的"闷闷儿"和"谜谜子"了。前者是北京儿童的娇言乖语，后者便是江南小儿女的俏皮话了。写文章常恨不能表现声音，如果报纸、书籍随着文字能显示声音，那"闷闷儿"和"谜谜子"的娇嫩声调多么能感染读者呢？可惜现在尚不能。我相信

▶ 看花灯（约1941年）

▶ 大栅栏的灯铺（约1943年）

不久的将来，人们一打开报纸和书本，随着阅读，便会有声音从字里行间传出来。到那天，盲人也可随意阅读任何报刊和书籍了。

至于把谜语叫作"隐语""廋词"等等，那就更早了。当然，应该翻过来说：把"隐语""廋词"叫作谜语才对，因为谜语是在三国曹魏时才出现的名词。东汉末杨修所猜中的"绝妙好辞"，当时还叫"离合体"（这很像一个现代自然科学名称，如半导体、结晶体等），叫"隐语"。孔融曾将"鲁国孔融文举"六字，用隐语写成四言诗一篇，共二十四句，每四句离合一字，如以"鲁"字作谜底，其谜面四句云："渔父屈节，水潜匿方，与时进止，出寺弛张。"简言之，即"渔"字去水，"時"字去寺，合为鲁字。而诗句内意义，又以屈原、孔子作比，表现了他的志向。因"渔父"是《楚辞》篇名，又是屈原放逐之后所写，有"屈节""隐潜"之意。而孔子称作"圣之时者也"，"時"去"寺"余"日"字，则不能成为"时者"，进止之际，颇费周章了。这种谜语写来太难了，不但要学，而且要才，孔融是建安七子之一，是名不虚传的。但孔融、曹操时，还没有"谜语"的说法。可能民间早有了，只是文献中没有记载。直到刘勰《文心雕龙》中才记云："魏代以来，君子嘲隐，化为谜语。谜者，回互其词，使昏迷也。"

自此之后，谜语就变成为非常有趣的语言艺术。在南北朝之际，十分风行。所谓"清谈侣晋人足矣"，南朝人物，本来是最善于辞令的，加上谜语，更可以解颐了。史书中很多，现举一例：

咸阳王司马禧败逃，让从官龙武作一谜解忧。龙武为作"箸"谜道："眠则同眠，起则同起，贪如豺狼，赃不入己。""箸"就是筷子，现在温州方言还叫箸，这样的筷子谜语，虽至今天，不是仍然很生动吗？

历史上流传下来的好谜语是非常多的，有的知道作者，有的不知道作者，《红楼梦》写贾宝玉作的谜语："南面而坐，北面而朝，像忧亦忧，像喜亦喜。"贾政大叫"有趣有趣"，却没有写作者的姓名，后来问了，才知道是宝玉的。但书中并未明写是宝玉编的，读者便认为是宝玉编的，实际也就是曹雪芹创作的了。而事实上都不是，既非假人宝玉所写，亦非雪芹所创，却是另有出处的。明末崇祯时，吴县贡生冯梦龙，署名"墨憨斋主人"，曾编一本《黄山谜》，内中即收了这一则谜语。冯梦龙这本书是编的，不是他写的，因而这则谜语可能在明末早在社会上流传开了，冯看其有情趣，便把它采入《黄山谜》中。曹雪芹写《红楼梦》，又因其情趣及暗示镜花水月之意，作为宝玉的谜语。至于它原作者是谁，早已无法考证了。

在明代以前，还没有专门记载谜语的书，一些著名谜语，散见于史书、诗话、笔记中，有些成为流传十分广泛的趣谜。如："目字加两点，不作贝字猜，贝字欠两点，不作目字猜。"谜底是"贺""资"二字。又如："四个口，尽皆方，加十字，在中央。"谜底是"圖"字。以上二谜均载于宋人《钱氏私志》中。又如："一人立，三人坐，两人小，两人大，其中更有一二口，教我如何过。"谜底是"俭"字。系见于宋人洪冀《旸谷漫录》。

以上这些字谜，广泛流传在爱谜语者的口头传说中，自己猜完了，又说给别人听，大家都感到很有兴味。明代出现了专门记载谜语的书，如《谜社便览》《千文虎》等等，收集了大量前人谜语，不过这种书现在很难见到了。谜语除北京人喜欢，全国各地也都很流行。清人《在园杂志》记云："灯谜本游戏小道，不过适兴而成。京师、淮扬，于上元灯棚，用纸条预先写成……聚观多人，名曰打灯虎。"

"百本张"俗曲唱本中，还有一个"平灯谜"的段子，写道：

好是灯谜雅社开，大家谁不遣情怀？社主大起风流兴，去把那清洁房屋去捡择，取一个雅致别名横书作匾，定一个日期约帖竖写如牌。……已饭时三五成群鱼贯而入，人人是哈腰拉手笑盈腮，社主让茶诸公归座，雄谈阔论畅叙心怀。评一番人情说一番世路，提些个私事问些个官差。

不多时窗棂的日影欲将午，那未到的敢是今朝晒了台。社主说：先猜我的是抛砖引玉，也须把诸公的佳作请拿来。有几个款款毛腰摸靴筒，有几个急急回手探襟怀。有几个摆手摇头说不曾带，下次找补此次暂该。社主说：新添的脾气是这等的塞虎，从今后不带灯谜不准猜……钉壁子按墙宽窄分长短，粘条儿成排端正莫斜歪。忽听得乒乒一阵锤儿响，顷刻间柳绿花红次第排，真个是纸色光明夺锦绣，字迹华丽显文才，也有那五彩洋笺如云灿，也有那一色洋宣似雪白。……那好玩的偏捡村题的打，爱小的专将挂赠的猜，灵机的只用一言揭下去了，钝塞的频翻两眼想不起来。

原曲很长，删去一些，从曲中可见清代北京谜社风光。自然到三十年代这种谜社再没有了。我只是很小时在乡间参加过一次谜会，到北京再未参加过。人常说文字游戏无聊，实际也还要文字基础和水平。大字不识，全是文盲，也无法文字游戏了。

《在园杂志》所记除北京而外，说到扬州。其实还有苏州也很盛行。前引冯梦龙《黄山谜》，就收了不少苏州吴语谜，十分有趣，举两个例子："丝虽长，湿哩搓弗得个线；经虽密，干子织弗得个绢。""板板六十四，一生有正经，说嘴又说脸，眼里看弗得个灰尘。"前一谜底是"雨"，后一是"板刷"，全是方言文学，天籁体的作品，这种谜语，只能用吴语读，才有情趣，一读普通音，便索然无味了。至于"村"的，都以貌似说两性关系引人，措词较黄，不多介绍了。

茅姑人

换茅姑人也是正月十五北京山乡的趣剧、闹剧。什么是茅姑人呢？就是手工做的小人，一般五六寸长。做茅姑人，是大姑娘、小媳妇们的巧手，而换茅姑人，却是好事小伙子们的趣事。一般在正月十五日天不亮时，在街头闹市朦胧中进行。把茅姑人用布或毛巾一裹，揣在怀里，只露一点点。当时冬天都是穿有大襟的衣裳，衣襟向右掩，换的人大家凑近，你觑觎我的，我觑觎你的，大家都不肯先拿出来。只能看到小人的头顶，或头顶上所戴的花。眼明手快者，先看到对方一个制工十分精巧的小人，一把抢过来，把自己怀中的插着一朵小花的扫炕笤帚把塞给对方，连忙就逃。对方比较迟钝，朦胧中一时看不清，等到发现上当，已来不及了。如这样拿回家去，肯定要挨媳妇、姐姐、妹妹的一顿好骂，当时大家庭多，一些精巧的小人，都是嫂子、小姑子等在闺中灯下心灵手巧的杰作啊！当然，如果也是机灵的，他不会上当，便会揣着插了花的破笤帚把再去骗别人，不过，总有以丑易俊，换回精美小人回家欢笑的，也总有以俊易丑，甚至破笤帚把回家挨骂的。

《聊斋志异》中有一篇《花姑子》，内中写到"紫姑"的事，就是这有趣的茅姑人。文云："叟方谦挹，忽闻女郎惊号，叟奔入，则酒沸火腾。叟乃救止，诃曰：'老大婢，濡猛不知耶！'回首，见炉旁有蒻心插紫姑未竟，又诃曰：'发蓬蓬许，裁如婴儿！'持向安（故事男主角安幼舆）曰：'贪此生涯，致酒腾沸，蒙君子奖誉，岂不羞死！'安审谛之，眉目袍服，制甚精工。赞曰：'虽近儿戏，亦见慧心。'"柳泉居士的文章写得实在典雅简洁，几句话就把三个人物的神情写得历历如画。

这里说到的"紫姑"，就是俗语说的"茅姑人"。"紫姑"的故事来源很早，最早见宗懔《荆楚岁时记》、刘敬叔《异苑》，原是一个很悲惨的故事，说是寿阳李景子胥之妾，姓何名媚，字丽娘，受到大女人曹姑的虐待，成年叫她在厕所中做最污秽的事，在正月十五日便悲惨地在厕所中自杀了。后世人因哀怜她的不幸，便说她成了神，尊之曰"茅姑神"，每年正月十五日，闺中的小姑娘便用竹头木屑以及小绸布片作成"人形"，夜间到厕所中祝祷，以迎其归来。祷辞是："子胥不在，曹姑亦归去，小姑可出戏。"

这事在北京旧时很受到重视，小姑娘平日做小衣服、小鞋、练习女红，都叫作"茅姑鞋""茅姑人"。正月十五更是要隆重举行仪式，在《帝京景物略》中有详细记载。查初白《凤城新年词》云："添得楼中几日忙，簇新裙帕紫姑装。一年休咎凭伊卜，拍手齐歌马粪香。"因为据刘同人记载，迎紫姑时，要打鼓，唱"马粪香歌"。以上是明末清初的情况，后来这种风俗一直流传下来，光绪时魏元旷《都门琐记》引《燕都杂咏》云：

　　敝帚挂红裳，齐歌马粪香。
　　一年祝如愿，先拜紫姑忙。

并注云："正月闺中用帚插花穿裙，迎紫姑神于厕，以占休咎。"

　　这里面一个说"簇新裙帕紫姑装"，一个说"敝帚挂红裳"，这都是什么意思呢？于此还要解说一下，这是因为迎紫姑的风俗虽然家家一样，但制作紫姑的巧手却不是家家都有，有的小姑娘在闺中心巧手巧，精心细做，用鸽子蛋一头敲成一个小洞，把蛋清蛋黄流空，用细高粱秸剥光皮，做成人形架子，把鸽子蛋壳套在高粱秸上，用纸糊好，上用黑丝绒线贴成头发、抓髻，用墨、胭脂勾出眉眼，点上嘴唇，把预先做好的小衣裙、鞋袜穿上，做成之后，像日本老式"人型"玩具一样，十分漂亮。而懒惰的则只用破扫帚把插朵纸花，裹块破布，虚应故事而已。三十年代中，北京郊外山乡还有换茅姑人的风俗，也十分有趣，但说来话长，就此打住吧。而在城里则早已没有了。小户人家姑娘在庙会上买布娃娃，有钱人家则买各式各样洋娃娃，各种小人也洋化了。

换茅姑人的风俗，是遍及南北的。江南"厕所"叫"茅坑"，所以"茅姑人儿"叫坑姑娘。顾铁卿《清嘉录》记"接坑三姑娘"云："望夕，迎紫姑，俗称接坑三姑娘。问终岁之休咎。"并引李商隐诗云："羞逐乡人赛紫姑。"诗中用"乡人"、用"逐"、用"赛"，可见换茅姑人自唐代就有"比赛"、追逐嬉闹的内容，可以想见乡人欢乐奔跑的气氛。千余年如一日，至少在三十年代不少乡间还存在着，这些精工巧手的比赛，淳朴的山乡姑娘们、小媳妇们、小伙子们的岁时欢乐，如今用什么内容代替了呢？

龙抬头

引龙回

二月二日，龙抬头。过去过年，由腊月开始，节目不断，陆陆续续，似乎一直要过了二月初二才算结束。中国六千年前，就有龙的形象，视为神物，直到晚近，才日渐淡漠。过去年年皇历上总要有图注明今年"几龙治水"，由一龙到九龙，各年不同。"云从龙，风从虎"，《易经》上明确写着。中国从古是农业国，靠天吃饭，祈求的是风调雨顺，龙是管雨的，自然要敬重它。蛰伏一冬，春天来了，它要抬头理事了，自然也有一番盛典。明沈榜《宛署杂记》云："都人呼二月二日为龙抬头，乡民用灰自门外蜿蜒布入宅厨，旋绕水缸，呼曰引龙回。"《京都风俗志》亦记云："俗谓此日为龙抬头，此日饭食皆以龙名。如饼，谓之龙鳞；饭，谓之龙子；面条为龙须；扁食为龙牙之类。"

从上两则所记，可见明、清以来，"二月二"作为节令的故事。妙在后一则，当时是有皇上的年月，真龙天子，至高无上。而老百姓居然要吃它的鳞、吃它的子、吃它的须、吃它的牙，这还了得。不由地使人想起"批逆鳞""捋虎须"等成语，以及"老虎口中拔牙"的俗谚，似乎感到这是性命交关的事。看来当年有皇帝真龙天子时，还是比较民主的，因此似此种种也居然没有成为防扩散材料，这不奇怪吗？

二月二的风俗故事，不只明、清，早在元代就有了，欧阳原功《渔家傲》云：

　　二月都城春动野，引龙灰向银床画。士女城西争买架。看驰马，官家迎佛官兰若。　　水暖天鹅纷欲下，鹰房奏猎催车驾。却道海青逢燕怕。

才过社，柳林飞放相将罢。

　　这首词中说的是元代北京二月里的风光，一上来就写了引龙回的风俗。欧阳玄《圭斋集》中有十二首《渔家傲》，按月写元代大都岁时风土，是很有意思的，不过有些事，因年代久远，颇难理解，也不易说清了。但也有不少风俗，在几十年前的北京则还在部分人家中存在着，如前面词中"引龙灰向银床画"一句，说的就是二月初二的"引龙回"或称作"引钱龙"的故事。这是很有趣味的事，到那天，天不亮就起来，捧一畚箕细炉灰，打开街门，很神秘地拿炉灰沿着临街房子的墙根，撒一条细线，进了大门，沿着墙根，弯弯曲曲，一直撒到房中，绕床脚撒一圈，再沿墙撒到灶下为止。要撒得细，但绝不能中断，像是后来大扫除时，在墙根屋角撒石灰粉一样。记得做孩子时有孩子的想法，虽然"龙"呀等等，在脑海中存在着，但并不占主要地位，感兴趣的只是一点点细炉灰沿墙根居然能撒成一条线，而且蜿蜒不断，感到十分好玩，因此不但爱亲手撒，而且特别注意断不断的问题，这样就在脑海中留下很深刻的印象，直到今天还宛在目前。

中国古代人以极丰富的智慧，幻想出"龙"这样的神物，变化无穷，实在是了不起。北京人对它更有特别的热爱，近人沈太侔《春明采风志》也说：

> 龙抬头，二月二日，古之中和节也，是日食饼，为"龙鳞饼"，食面，为"龙须面"，闺中停针，恐伤"龙目"。又以祭余、素烛遍照壁间，有"二月二，照房梁，蝎子、蜈蚣无处藏"之语。

事实上这种风俗包含着很重要的卫生意义，因冬去春来，天气渐暖，万物萌生，各种害虫也都在"龙抬头"的日子里，日渐"起蛰"，因而从明代开始在二月二还有"熏虫儿"的风俗。康熙《宛平县志》云：

> 因荐韭之余，家各为荤素饼啖，以油烹而食之，曰"熏虫儿"，谓引龙以出，且使百虫伏藏也。

不过"引龙回"后来民间叫作"引钱龙",那完全是发财意思,就是希望钱像龙一样,不断滚了进来。正是财神前对联的意思:"财源茂盛滚滚来。"所以钱龙不但引进,而且不能断,不但要引到水缸处,还要引到财神龛那里,烧完香,上完供,磕完头才算完呢。

过了二月二,"年事"才算全部过完,唯似此春明故事知者已少,只能当作"民俗学"的资料谈谈罢了。

夏之梦

初　夏

北京一冬苦寒，水面结冰，有一尺多厚，地面泥土也要上冻，野外看不见一点绿的，人们棉衣臃肿，十分不便，所以冬景是萧条冷落的。到了春日风多雨少，十分干燥，虽说春花可赏，但也常为大风所困扰。只有五月节一过，又进了夏季，中午前后，都可以穿单衣服了，才比较舒畅，有了新的情趣。但是也有变天的时候，遇到西伯利亚的冷空气南下时，还是很冷的。记忆中，有一年端午节，陪先大人汉英公逛北海，正遇上那天风很大，很冷，坐在靠北海后门里，蚕坛西墙外面，几棵大钻天杨树前的露椅上休息，风呼呼地吹着，水面卷起一层小小的波澜，大杨树的嫩叶被风刮得哗哗乱响，这天穿的是一件咖啡色线呢夹袍，要

▼ 有轨电车（约1926年）

在好天气，露椅上一坐，要感到热烘烘的了，而这天却仍然感到冷飕飕的。坐了一会儿，就出北海后门坐有轨电车回家了。那种阑珊的感觉，真是如在目前，而说起来已是许多年前的旧梦了。

元代欧阳原功一首《渔家傲》词云：

　　五月都城犹衣夹，端阳蒲酒新开腊。月傍西山青一搭，荷花夹，西湖近岁过茗雪。　　血色

金罗轻汗祐，宫中画扇传油法。雪腕彩丝红玉甲，添香鸭，凉糕时候秋生榻。

现在讲诗词的人，很少注意元人的作品，实际元人作品是有另一种味道的。如这首写元代北京端阳风光的词，就迥乎不同于宋词，而他又写得多么典丽宜人。这"月傍西山青一掐"的句子，真是神来之笔，没有于端午前后，傍着楼窗眺望过西山月痕的人，是绝对体会不出这句词写得是该有多么美的。当年在清华、燕京两校图书馆或各宿舍西面窗前，凭栏外眺，最能领略这种情趣。当然，住在海淀街上，也更能朝夕看山，只是到颐和园等处去玩的人，不大容易看到这种景致，因为这是闲中观赏的情趣，匆匆忙忙不大容易得到。此外，时间是要在黄昏时分，到城外来逛的人这时都回家了，所以只有长住西郊的人才容易看到。

词中所说"西湖"，即指现在颐和园昆明湖，元代时叫"西湖"；"苕霅"即浙江省东、西苕溪的别名，

夏之梦　303

作者这句的意思是北京的西湖，超过浙江西湖、苕溪等处景致了，因为押韵，所以用这一个词。"雪腕彩丝"是五色丝线系在女孩子的手臂上；"红玉甲"是凤仙花染红指甲；"凉糕"是糯米豆沙蒸熟后，冰镇的，很好吃，性质同粽子一样；"添香鸭"是鸭形香炉中焚香，这些都把当时端午风光很形象地写出来了。"血色金罗"是红色罗，"汗祤"即汗衫，现在还有这一叫法。"宫中画扇"，宫扇指宫中一般官扇，夏日常景，如《金宫词》："一月日边明更好，轻抛罗扇障元妃。"但也可专指元代宫帏故事，我们一下子说不清了，但形象仍是很美的。

这首词在用韵上十分挺俏，险而不险，但在咏唱上给人一种十分挺拔俏丽的感受，不是执红牙板唱的软语吴歌，也不是铁绰板的关西大汉唱的豪迈放歌，而正是燕赵女儿俏丽的歌声，歌声是俏丽的，但有一些强弓硬弩的蒙古草原的骄悍之气，这正是元词的特色，而所反映的岁时风光，也正有燕山的特色。江南已是纨扇轻衫了，而这里还是"犹衣夹"，江南已是

"莲叶何田田"了，而这里是"荷花夹"，似乎是荷叶尚未全舒呢？这首词可讲者甚多，只从声音、色彩、风俗故事中已画出一幅元代端五风景画了，诗情画意相通，其艺术气氛，似乎相当于《清明上河图》了。

于此也可见北京初夏景物的特征吧，其他纵使大变，但"月傍西山青一掐"的初夏自然景观，是永远不会变的。只看你是否注意到它罢了。

夏　景

北京的夏景是可爱的，但这夏景又是多方面的，公园、北海有夏景，街头洋槐树下有夏景，出了西直门，一望西面遥天，"月傍西山青一掐"是夏景，而在每条胡同中，静悄悄的每个街门里，也有一派夏景……由哪里说起呢？由鼓子词《大西厢》说起吧。

在京韵大鼓的段子中，有一个名气极大、每个鼓书艺人都常唱的段子，这就是《大西厢》。"鼓王"刘宝全也以唱《大西厢》闻名南北。晚年已是白发苍苍的老头子了，还照样唱："二八的俏佳人她懒梳妆，崔莺莺得了那末不大点儿的病躺在了牙床……"而且每到一个码头必贴、每贴必满。刘宝全的《大西厢》，如果照行话说，这是文段子武唱，内容说的崔莺莺让红娘到西厢去请张生，并没有动刀动枪，但他照样把刀枪架穿插进去，如唱到"他要是讲打你就同他先动手，别忘了先下手的为强，后下手的遭殃"时，也要做打架的滑稽动作。《大西厢》实际是很诙谐的一个玩笑段子。

《大西厢》的作者是谁，现在已经说不清楚了，但它确是京韵大鼓中一个杰作，也常常用来作为学唱大鼓书的启蒙教材。中间有一段描写"西厢"夏日风光的唱词很有意思，现引于后：

　　穿游廊，过游廊，不多之时到西厢。人人都说西厢好，果然幽雅非比寻常。清水的门楼安着吻兽，上马石、下马石列在两旁，影壁前头爬山虎，影壁后头养鱼缸，茨菇——水里长，荷

▶ （宋）陈容《龙图》

▼（清）郎世宁《雍正十二月行乐图·二月踏青》局部

花——开茂盛半阴半阳，红的是石榴花，白的是
玉簪棒，蓝的是翠鸟儿，绿的本是夜来香……

　　这段描绘很有趣，完全是北京的庭院夏景，而且
是大四合院的样子。首先"穿游廊，过游廊"，完全走
廊子，不走院子，这是要有"钻山"（即穿过山墙）走
廊的大房子才具备这个条件。"清水门楼"是磨砖对缝
的顶上起脊有兽吻的砖门。门对面是影壁，像屏风一
样面对大门，挡住视线。影壁是砖砌的，边上种上爬
山虎（即常春藤），夏天爬满了影壁，一座绿屏障。转
过影壁，照例是大鱼缸，所谓"天棚、鱼缸、石榴树、
老爷、肥狗、胖丫头"。这是清代北京中产以上人家的
典型院子，但这鱼缸，大多数都不养鱼，而是种花，
两三枝三角大叶子茨菇、两三片大荷叶、一两朵荷花
点缀夏景，在荷花叶下，也许还养几条朱红金鱼。其
他石榴、玉簪、夜来香、翠鸟都是北京常见应时花木，
把小院点缀得分外清幽。编鼓词的艺人，把山西蒲州
普救寺的西厢描绘成北京美丽的四合院，这是元稹、
王实甫等大家所想不到的吧，地下有知也要莞尔一

▼ 筒子河的荷花（约1918年）

笑了。

北京昔时的夏景，《大西厢》所描绘正抓住了主要特征，自然是老北京写的。

北京夏景的主要特征在胡同中，各家大小四合院中，对每个人感受最深、最堪回味。一是宽舒爽朗，胡同大都很宽，不像苏州又狭又长又深；院子豁亮，不像江南狭窄，一点点天井，又被正面风火墙挡住。二是阴凉潇洒，胡同和院子老槐树多，一遮一大片绿荫，东院的树，可以遮住西院，墙里的树可以遮住胡同。喜欢挂帘子、糊冷布、搭天棚，各种人工遮阳，方便而有情调。帘子有大有小，门上挂、廊子上挂，竹子的、苇子的，各有情调。大户人家，大四合搭天棚，那就更高爽了。三是幽雅明洁，家家都种些花，不管大院子、小院子，都有绿意幽香情趣。当年天然冰便宜时，即使小户人家，弄个大绿盆，五大枚冰放在堂屋当地，清凉晶莹，纵然一大暑天，也可享半天清福了。

夏　虫

宇宙之大，苍蝇之微，都可以写成很好的文章，因为这些和人生都有着密切的关系，夏日的昆虫也是生活中少不了的。乌克兰盲诗人爱罗先珂由缅甸到了北京，却苦于寂寞，因为他怀念着缅甸的夜间的"音乐"，房里和草间、树上各种昆虫的叫声，夹着嘶嘶的蛇鸣，成为奇妙的合奏。可能是盲诗人乍到北京，对于北京的夏日的昆虫还没有领会吧？不然，怎么会忽略了北京夏虫的世界呢？

儿童是昆虫最好的朋友，当然，有时也是恶作剧的强者。"水牛儿"的儿歌，我曾经在一篇小文中介绍过，这是一曲唱给昆虫听的情意缠绵的恋歌。捉个知了，捉个蜻蜓，拿来玩，这也不能说是恶意。晚上，在林木间逮两个萤火虫，放在火柴盒中，盒上戳几个小窟窿眼儿，来看它那点微光，但是，萤火虫不飞了，光也没有了，结果孩子们大失所望。不过这也不算虐待昆虫。还有就是捕捉大量的小蚂蚱，送给隔壁二大爷喂黄鸟，喂红靛壳、蓝靛壳，再不然拿回家喂猫。孩子们天真烂漫，乐此不疲，大热天到护城河沿上去捉小蚂蚱。当然，这也不是虐待昆虫，因为蚂蚱同蝗虫是一种，本身就是坏东西，弄不好要成灾的。唐代的名相姚崇大力烧蝗虫救灾，千古传为美谈。所以儿童捉蚂蚱，是多多益善，是消灭害虫的好事，蚂蚱作残庄稼，也正在夏天，一到秋天，就要完蛋了，所以北京有句土话："秋后的蚂蚱，蹦跶不了几天啦！"

当然，夏虫千万不要忘了蝴蝶，小时候爱捉蝴蝶

玩，可是很难捉得住，小黄蝴蝶立在花上，轻轻地去
掐它，看着它好像很老实，以为一定可以捉到了。可
是当手指刚要接触到它时，它忽然轻轻地飞走了，理
也不理你。人常说拍蝶，其实是很难拍到的。如果一
下子拍死了，也无意趣。所以宝钗姑娘累得汗津津的，
却也没拍到那碗口大的玉色蝴蝶。其实这也是夸张，
因为大蝴蝶在云南、台湾多见，在北京、江南都是少
见的。我见两寸多大的黑蝴蝶或黑黄蝴蝶，人称"墨
蝶"，碗口大却未见过。

　　铁牛儿、金甲虫是最好玩的昆虫，但"铁牛儿"
捉着的时候不多，却极为好玩，那两条长长的花触须，
真像一位美少年的修眉，是很有绅士风度的一种昆虫。
金甲虫最引儿童们喜爱，它伏在台阶底下草茉莉叶子
上，像一粒小小的花豆子一样，一动也不动，但是有
时候轻轻碰它一下，噗——一下，它也会飞起来。

　　溥仪儿时被养在紫禁城中，以看蚂蚁打架为乐事，
《我的前半生》的读者也许笑他无聊，其实蚂蚁打架大有
可观，沈三白在《浮生六记》中就有极为精彩的描写。北

京天坛大柏树下面的蚂蚁，都是健壮的庞然大物，在炎夏中，不停地忙碌爬行，如果有兴趣，坐在露椅上，看看那大蚂蚁的忙碌情况，看上这么半个钟头，可能也会悟出点人生的哲理来，并不比释迦牟尼的菩提树差呀！

夏夜在小院中槐树下面乘凉，那碧绿的槐树虫，会偶然冰凉地落在你的项颈上，吓你一跳，其实不要害怕，槐树虫凉阴阴的是不咬人的，它常常拖着根游丝，在空中荡呀荡地，人们叫它"吊死鬼"……

人常说"虫以鸣秋"，实际秋虫是凄清的。惟有夏虫是可爱的，京华的夏虫，也是乡梦中的爱侣啊！

初　伏

冷在三九，热在三伏，数九我在小文中说过好多次。而数伏却很少说到。"九"由冬至算起，"伏"由夏至算起。即从夏至起第三个庚日为入伏，其时即在小暑至大暑之间，然后第四个庚日为中伏，第五个即立秋后初庚为末伏，也就是俗话说的"三伏天"。据陆泳《吴下田家志》江南有"夏九九歌"云：

> 一九至二九，扇子弗离手；三九二十七，冰水甜如蜜；四九三十六，拭汗如出浴；五九四十五，树头秋叶舞；六九五十四，乘凉弗入寺；七九六十三，床头寻被单；八九七十二，思量盖夹被；九九八十一，家家打炭墼。

在北京各书记载及民间传说，没有这些说法。只有两句话道："未从数九先数九，未从数伏先数伏。"意即在冬至之前，先要大冷几天，在数伏之前，先要大热几天。多少年的体验，感到这两句话倒是实在的。北京伏天热的比江南还早，清代王鸿绪有《三伏叹》诗云：

> 长安三伏苦午热，日赤尘红气酷烈。
>
> 闲曹谢客不出门，汲水磁缸贮清洌。
>
> 平头摇扇尚挥汗，一卷横看肱欲折。
>
> 五侯潭潭甲第深，湘帘梧槛留浓阴。

水晶屏侧冰作岫，寒光四射锋嵌盆。

……

诗中说的清代小京官三伏苦热的生活很形象，不过其中特别写到"午热"，即由正午到下午三点钟这段时间，这和江南不同，因为大陆气候温差大，中午和午夜，温差可到十五度。不像江南温差小，白天夜间相差不过五六度，大热时午夜也蒸热难眠。头伏饺子，二伏面，三伏烙饼摊鸡蛋，在伏中饮食上，今古仿佛，不必多说，只说说清代伏天洗象吧。

现在北京看大象到西直门外动物园，即最早的"三贝子花园"，后来展出动物，改名"万牲园"，这都是庚子之后，北京看大象的地方。而在此以前，明、清两代的四百来年中，北京看大象的场所却另有所在，那就是宣武门外往西护城河，时间是六月初。乾隆时《燕台新月令》六月条，一开始就说到"象"，文云："是月也，仪官浴象，象始交。"这就是一百来年北京看大象的故事。

北京直到后来，在宣武门里沿城根往西，还有一个古老的地名，叫作"象房桥"，这就是当年大象出入的地方，附近就是为皇帝豢养大象的"象房"。当时象房中有专人经常养着二十来头大象，其用处一是皇帝举行某大典时，要用大象驮着缨络"辇亭"参加仪仗队；二是按"舆服志"规定，皇帝最大的坐车"金辂""玉辂"都要用大象来驾辕。这些大象都是云南、交广及南洋各处派使臣专程护送到北京的，林则徐去云南当主考时的日记中，就曾记载路上遇到送象来京的外国使臣。嘉庆二十四年（一八一九年）六月十六日记云："辰刻至桃源县，行馆在河溽。因缅甸贡象入境，邑令恐前途驿舍不敷，劝余并两程行。"十九日记云："平明过马鞍塘，遇缅甸贡象过此。"据此可想见当时大象来北京情况。到了北京，就养在象房中。象房中的大象平时并不让人参观，只有每年六月伏天，要骑了大象出宣武门，到护城河中洗澡，这样都城百姓才有机会看到大象。而且每年第一次骑象出来洗澡，还要举行热闹的仪式，明代归锦衣卫主管，清代归銮仪卫主管。届期由主管机关派官，鼓吹彩旗，前往迎接，象房的象由饲养的人骑着，络绎而出，出了宣武门转弯往西，沿护城河到浴响闸下水洗浴。下水时要敲鼓，出水时鸣锣。看的人都在护城河两岸，所谓"游骑纷沓，列车如阵，如蜂房"，可以想见当年看"浴象"的盛况。看的人中，不但是男人，而且有不少女眷，当时妇女出门游赏的机会是很少的，六月初出来看"浴象"，也是一件轰动九城的游胜。得硕亭《京都竹枝词》特别写道："伏头洗象护城河，宣武门西妇女多。"并注云："是日看象，命妇尤多。"所说"命妇"，就是官宦之家，够上"品"的女眷。记载"浴象"的文献，由明至清，是很多的。最晚者以同、光之际黄钧宰《金壶浪墨》中记载最为详尽。并记载大象表演云："鸣金登岸，犹以鼻卷水射人，都人知其驯习，畀钱象奴，教以献技。象必斜睨奴，钱数满意，乃俯首昂鼻，呜呜然作觱篥、铜鼓等声，万众哄笑而散。"很像现在动物园大象吹口琴，写得很有趣。

名家洗象诗很多，最著名的是王渔洋的一首绝句：

玉水轻阴夹绿槐，香车笋轿锦成堆。

千钱更赁楼窗坐，都为河边洗象来。

戴璐说此诗"可作图画"，今天海内外哪位画家，有兴趣画一幅《六月春明洗象图》呢？

象房，到清代末年冷落了。自咸丰以后，因太平天国关系，云南战乱，南路不通，有十几年，再无贡象。同治七年（一八六八年）戊辰，缅甸又贡象七只，象又参加庆典仪式。光绪十年（一八八四年）甲申，举行仪仗时，一象驮着辇亭在午门前忽然发狂，将背上辇亭掷向空中，疯狂逃逸，出长安门，遇人就用鼻子卷起一扔，一个太监被扔得把头

▶（明）丁云鹏《洗象图》局部

都摔碎了。直到晚间，才把这头象捉住。西城人家，为此整天关着大门，不敢上街。自此事故后，象房象再不列入朝廷仪仗，象房的象慢慢都死光了，洗象的故事自然也没有了。

秋之思

秋　早

　　江南人夏天去北京，觉得北京热起来和江南差不多，如果是初夏去，比如六月下旬，也许会觉得比上海、苏州等地还热。而如在八月底、九月初去，那便有十分明显的感觉，上海还闷热难当，而一到北京，便有些凉飕飕的感觉了。这就是北京的秋早。

　　我有两次明显的记忆，一次是八月末回沪之前，在北京里仁街家中院里坐着，正享受清凉时，忽然一股凉风，直吹头顶心，感到一派秋意，有些承受不了，便连忙跑到屋里去。而过了两天，回到上海，依旧要打赤膊，晚上躺在席子上还出汗。一次是九月初去北京，在上海时，还是穿短袖衫。而到北京的第二天早上，在白广路小花园散步，穿着很厚料子的长袖两用衫还觉凉飕飕的，有极明显的感觉。当然久在北京的人不觉得，久住上海，偶去北京，也颇难感受。只有像我这样两地常跑的人感觉才敏锐。

时光流逝，北京秋早，大有可说者。当年，郁达夫先生由北戴河避暑归来，经过北京，在北京住了整整一个秋天，当时达夫先生一是旧地重游，重温京华的秋梦，二是已入哀乐中年，正是在西子湖边结"风雨茅庐"的时候，也正是当年北京形势日渐紧张的时候，诗人感慨极深，写了有名的散文《故都的秋》，既赞美了北京的秋天，又抒发了自己的感慨。现在出版的郁达夫文集，这篇文章不知选进去没有，但是写这篇文章，弹指之间，已经半个多世纪过去了。在达夫先生写了《故都的秋》之后，没有几年，便是"七七事变"。秋风故国之感更深，这年秋天雨水又大，天津闹大水，江宁夏枝巢老先生写了有名的《旧京秋词》，共二十首竹枝词，有诗有注，寄禾黍之思于竹枝之中，极为摇曳多姿，徘徊悱恻。诗前有一篇"小序"，为四六骈体，文云：

> 岁序不留，羁人多感。见红兰之受露，识素秋之已深。偶仿竹枝之歌，聊当梦华之录，凡所题咏，并涉旧京，传之他时，或成掌故云尔。

二十首竹枝词，以孟元老《东京梦华录》自比，其感慨之辞，自是极深的了。北京的秋，是感人的，也是喜人的。凡是在北京住过的人都知道，北京一年四季中，冬天太冷，只宜家居，不宜出游。春天多风，难得几日清明润湿的好天气。夏日也苦热，虽在北方，但高温天气也是三十五六度，照样炎暑流金，几乎不亚于南京、杭州。只有秋，那才真是北京的黄金季节，她来得早，去得迟，拖拖拉拉，前后有两三个月。旧历六月底、七月初几天狂热之后，忽然阴起来，"密云不雨天难料"，其实也好料，一个响雷，一个闪电，一阵凉飙会刮个天昏地暗，风是雨的头，凉飙过后，瓢泼大雨便降下来了。一下就那么大，一天，一夜，两天，两夜，痛痛快快地下了这么一场，两天之后，雨的劲头过去了，云层也薄了，滴滴嗒嗒还下着，但那已是强弩之末，雨声越来越小，雨点越来越稀，慢慢就停了，只剩下檐前的滴水声，天边薄云已破，露出一线蓝天，真是蔚蓝、蔚蓝的天呀……

雨住了，天凉了，秋来了！东隔壁二奶奶，推开门埋怨着：

"这个雨，一下就是两三天……"

西隔壁姑姥姥搭茬了：

"您可甭说，这是好雨，一场秋雨一场凉，天凉啦，秋来啦，好日子在后头哪！"

一点也不错，雨后便交秋，中元节、八月节、重阳节、十月一，好日子在后头，北京的秋长着哪！

但一切生活情趣感受也要好年月，如遇战争乱世，便不同了，前引枝巢老人《秋词》小序，其第一首云：

迎秋三日雨滂沱，此夕双星怨怅多。

如此洪流天不管，舞台耽误渡银河。

诗后注道："旧京七月初，剧场率演《渡银河》为应节戏，今年大雨，各省洪流为患，舞台因亦辍演。"

其时正是"七七事变"初起之际，四海横流，人民沉溺于战乱中，如此秋光，则大可悲了。老人诗意在言外，亦风人之旨也。

秋　云

人常常说"燕云北望"。本来这是石敬瑭为了政治野心，不惜割让故国幽燕和云中十六州地盘给契丹，留下的词语，可是用得常了，人们便忘了"云中"，而把"燕云"便当作燕山的云了。我在给北京朋友写信时，也常常这样用。常也奇怪，似乎"燕山"的云或"燕京"的云也特别引人遥思。于右任在台湾时有《南山》诗前四句云："南山云接北山云，变换无端昔自今。为待雨来频怅望，欲寻诗去一沉吟。……"似乎把某些人看云的思绪写出了一些。而云又以秋云为最引人遐思。

"秋风起兮白云飞"，汉武帝的名句比之于汉高祖的"大风起兮云飞扬"，刚劲豪雄，虽略逊一筹，但其飘渺之感，则有以过之。秋风与秋云，二者是联系在一起的。但初秋和晚秋大不相同，凡事不可一概而论，初秋之风云，亦迥异于秋末之萧瑟也。

在北京，宿雨初晴，金风乍起，这时候的风是很小的，虽然北京的春天，以大黄风闻名；而在秋天，尤其是初秋，却难得有一点儿风。金风乍起，是最宜人的了。早上躺在床上，尚未起身，听得纸窗外面，稍微有一点儿沙沙的声音，啊，有一点小秋风了，隔着纸窗上面的冷布，凝望渺渺的蓝天，有一两朵白云浮过，今天不用问，是最爽快、最舒服的初秋天气。一会儿太阳高了，树上的蝉可能还会叫，但已是断断续续，不那么叫得欢了。

三十年代中，有不少离开北京的人，都依依不舍，万里相思，不少人都写文章思念她，有的文章中说了不少似乎是"傻话"，有人说：北京秋天天似乎特别高，云似乎特别白。天究竟有多高，一眼望去，如何比较，这恐怕是谁也不知道的问题。至于云白，自然那天空中，有黑云，也有白云，这些说的似乎都是傻话，但正如香菱论诗所说，细想想这些话却都是真话。举个小例子：有一年旧历七月末，几个熟朋友约好了，星期天到天坛逍遥一天。那时天坛游人很少，在皇穹宇外面有个茶座，也没有几个座位，看起来比野茶馆还寒伧，茶客自然也很少，只有几张破藤椅子。我们"参拜"了一顿祈年殿，到七星石那里兜了个圈子，然后就蹓蹓跶跶来到了这个野茶座，因为常来，卖茶老头都认识，沏上茶，把带来的馒头、烧饼、酱肉等打开，茶桌上吃野餐，吃饱喝足之后，斜躺在藤椅上，一边闲聊，一边抬头望天看云，老柏树间偶然吹过来一丝凉风，啊，真飘渺呀——那天又蓝又高，真不知有多么深沉，白云浮动着，目光随着那云朵游动，这时云与天之间的距离，躺在这个破藤椅上，似乎看得清清楚楚，这时不知天高，只感到自身的渺小了。龚定盦诗云"吟鞭东指即天涯"，一出都门，便是天涯，后来江上看云，海上看云，市楼看云，似乎都没有北京的秋云高爽，都没有北京的秋云缠绵，像蚕丝那样的洁白而牵惹思绪。

忆昔京中家居，听着竹帘子微微吹动的声音，不用问，这是初秋的风，微微地吹动着帘栊，秋云也悠悠地浮动着。等到竹帘子呱哒呱哒乱响的时候，那便秋深了。在城楼上飘动着的云，也是灰黄色的云，迅速地变幻着。竹帘子要换风门，老年人要穿薄棉袄，秋风、秋云，已是尾声，要安排冬事了。

秋　月

年轻时读郁达夫先生的文章，记得有这么一句：说秋月不如春月好的，毕竟是只解欢乐不解愁的少年。其实秋月、春月，同样是月，又如何分其好坏，正所谓"干卿底事"了，而人的感情，却总爱寄托在若干万里外的月亮上，岂非亦呆亦痴乎？去年此时，我曾以无限乡情，写了几篇燕京秋月的文章，以点缀佳节，稍遣乡愁。转眼之间，又是中秋了，"故园明月在，只是朱颜改"，时光过了一年，人自然又苍老了一年，而月亮却仍旧到时候缺，到时候圆，八月中秋，仍旧是清光辉映，玉影团圞。

"月是故乡明"，自然是感情的、诗人的语言，科学家看见是要产生疑问，逻辑家看见是要用三段论法推论的。而我看见则双手合十，虔诚顶礼的，因为我有过不少的经验。我初到北京时，还想着乡居的童年之乐，到了八月节，北京家中供月、吃月饼、分瓜果、庭院里望月，虽然也很热闹，但是我却还有点生疏感，自然想起乡下的老奶奶、小伙伴，甚至大黄狗、小花猫，以及月光照耀下的黑黝黝的山峦影子。家乡是在山凹处的一个小镇中，那中秋的月景可是真美呀，在城中是看不到的，这是我小小的心灵之中第一次有了"月是故乡明"的感觉。

时光弃我而去，转眼之间，由小孩到少年，到成人，北京真正成了我的故乡了，一方面是由于生活的时间长，一方面则是由于父辈们一直都在北京，有时一开口就是庚子前的事，什么庚子年八月十五如何如何，使我知道了我出生之前的不少北京的情况，更增加了我的故乡之情，年年八月中秋看月，或家中，或北海，或其他公园，由小时的庭前拜月，到大了和朋友们联袂赏月，无时不在欢乐之中。

但是，我像秋叶一样，终于离枝而飘扬了。记得离京时是过了中秋不多几天，在车站登车时，是在夜间，火车离站缓缓转弯之后，视野开阔，看见月华冉冉升起，是下弦的月，送我离开故乡，这时忽然想起唐人的诗句："无端更渡桑干水，却望并州是故乡。"

此后，再也没有在中秋节期间回北京，有时暑假回京，多住两天，顶多在北京过个中元节罢了。而那中秋的月，总是在远离北京的几千里外看的。李太白不是说过吗，"举头望明月，低头思故乡"，浓厚的乡情本是从善良的心田中生长的，哪一个善良的人，能望着他乡的月不想起故乡的月呢？我本是一个平凡的人，时时刻刻有一颗思念故乡的心。何况是明月当头呢？因此多少次在他乡的中秋，看见楼窗的月，便想起北京四合院里廊子上看月的情景；看见海边的月，便想起北海划船时看月的情景；看见山中的月，便想起有一年中秋节和同学登上北海白塔看月的情景。这些难道奇怪吗？故乡的月，总是照耀在我的记忆深处的啊！

乡心在，故乡明月便在，有一年暑假在京，九月初回上海，八月半写首小词寄北京诸老云：

去年圆月时，水漾乡心绉。夜夜梦京华，明月还如旧。 今年圆月时，拍曲怜金漏。杯酒酹长空，万里人增寿。

但也常常想起几十年前的一件旧事，抗日战争胜利后不久，正好就是八月中秋，一位朋友在中秋前数日从遥远的印度加尔各答回到北京，他那时在印度做随军翻译，抗战胜利，他觉得可以解甲归田了，便辞去了职务，回到故乡北京。八月节那天晚上，我和他就在所住房屋后面荒芜已久的苏园中漫步，走上那杂草丛生的土堆般的假山，站在一块大石头上，望着那在槐树枝头徐徐升起的月亮，热烈地谈着别后的情况，不知不觉月亮已升到当头，北京的秋色特别清明，秋空特别高爽，夜空特别深沉，因而月华就更加明亮了。他望着升起的满月，不禁深深地叹喟了一声道：

"真是'月是故乡明'啊！"

说这话的声音好像仍然在我耳边荡漾一样，但这已是几十年前的旧事了，那位好友早已成为古人，再也看不到燕山的"故乡之月"了。

当时我听了他的叹喟也是深有同感的，因为我当时虽然还未远行到异国，但也曾羁旅在他乡，单为了赶回家过个八月节，看一看故园的月亮，就曾付出过不少艰辛，获得过不少的喜悦。有一年正好中秋那天，我乘平绥路火车从"天苍苍、野茫茫，风吹草低见牛羊"的塞外赶回北京来过节，火车到达青龙桥，已是黄昏后七点来钟，月亮已经升起了。我恨不得立时飞回北京，但那时火车在青龙桥因来回换火车头的关系，照例要停很长时间，我索性走下车来，避开车厢中的嚣杂，到站台上换换空气，不料下来之后，大吃一惊，真是太美了！四周静悄悄的高山，朦胧的古长城的女墙的影子，荒草间凄凄切切的虫声，这些都沐浴在月色中。站台上詹天佑氏的铜像，立在月光下，凝望着南面的幽邃险峻的山谷，月光照耀在那斑驳的铜像上，那世纪初式样的小领西服上衣的衣褶明悉可见。下车的人很少，站台上静静的，我慢慢地走得远些，细细地看着那月下的燕山，当时我虽然未想起吟"月是故乡明"的诗句，但是我感到这真是世界上最美丽的月光，这已是"故乡的明月"了。

铃声一响，迅速又登上车，我索兴不回到座位上，立在车门口，与月同行，出了南口之后，一马平川，全是下坡路，走得也快了，很快过了清华园，就是西直门了。这段路全是在月光的清辉下经过的，北方秋早，中秋时节，农庄中已开镰了，一片"白霜"，照在收获后的田野上，我不禁想起"床前明月光，疑是地上霜"的诗句，造化赋予燕山脚下土地上的风光太美了。可惜当时不是今天这样和平幸福的岁月，那是灾难深重的年月啊！

那时平绥路火车到西直门后，还要环城行走，沿着城墙经德胜、安定、东直、朝阳、东便等门到前门车站，我一路看着月下的古城、城头的皓月，在雪白的月光照耀下的古城，那明代永乐年间修建的，经历了五百多年风霜雨雪的墙垣，那凹凸斑驳的数不清的城砖，虽然不少已剥落残缺了，但仍牢固地团结在一起，似乎仍在顽强地负担着它历史的使命，月光斜照下来，在德胜门、安定门这面，正是背阴面，朦胧的黑影，肃穆宁静地立在月色中，那由城墙砖缝中倔强地滋生出的小树，弯曲向上挺立着，像是古代秘密地爬城的敌国的强人，似乎，忽然间，那女墙上会树起招展的旗，在月光下闪着寒光的耀眼的刀剑……等到火车在东直门北一转弯，望着那月光下古老的静静的角楼，似乎一下子豁然开朗，城墙在月光照耀下，变成银色的了……慢慢东便门又转一个弯，徐徐到达前门车站……这是我生平所见的最美的、最难忘的中秋之月。"月是故乡明"，天涯海角的月光又有哪里能比得上你的明洁与温柔呢？

节　账

中秋是秋天的大节，也是一年三大节中的第二位，即仅次于过年的大节也。大节在当时北京一般家庭中，不论贫富，除去孩子们盼望的兔儿爷、月饼、水果等诱人的种种而外，大人们考虑的则另有三种有关过节的事，即节礼、节赏、节账是也。读李慈铭《越缦堂日记》咸丰间某年八月十一日记云：

> 长妹返婿家，以舟从，送之，并中秋节物：双鸡四、双鹅四、双鱼、豚五斤、大月饼五百二枚、小月饼三斤、水晶月饼三百枚、细沙月饼四斤、西洋蛋团三斤、蛋饼一斤半、桂花饧球一斤半、象鼻酥三斤半、水桃酥二斤、砂仁糕一斤、

绿柿十四斤每斤钱十六、朱柿三斤半每斤钱十七、石榴二斤半每斤钱廿、梨十二斤每斤钱卅六、梅梨四斤每斤钱卅七、藕廿三斤每斤钱二十（其时番钱换钱，九百七十三文）。

看看这份节礼，数量有多少，现在读者恐怕会感到很吃惊，也难以想象了。李越缦日记中记了几十年的事，不知记过多少节礼、节账、节赏，这还是他在绍兴老家时所记，后来长期在北京，年年中秋，有关过节开销不少也记在日记中。李慈铭并不是阔人，穷了一辈子，但家中送姑娘回婆家，还这么些东西，单纯大月饼一项，五百二枚，以四枚一斤计，一百二十五斤半，只这一笔，现在看了也感到吃惊，何况还有其他呢？看来当时一般不富裕的旧家，也还是有一定的经济实力。后来是越来越穷，送节礼也只是两盒月饼，没有人能送几百枚了。

历史的流逝，造成了时代的隔阂，现代的人不但很难想象未来的人，也颇难理解过去的人了。除去节礼而外，还要考虑节赏。有钱大官阔佬无所谓，只要不吝啬尽可开赏摆阔。希望得赏的差人、佣人、学校工友等也有盼头，是增加收入的好日子。苦的是自己家里不够开销，无法还债，却还要开销节赏的穷职员、穷教员、住在斋舍里的公寓里的穷大学生等等，还不如穿短衫、拉包月车的过节乐呢？同样一个八月节，虽然月饼照样地吃，但几十年前北京人那种过节时的紧张情绪，那样发愁过不去"节"的忧虑，现在人是无法理解了。北京旧时把农历元旦、端五、中秋叫作"三大节"。这三大节中，第一当然是元旦，其次便是中秋，比端五还重要。三大节都要结账，各商号间、各商号与住家户间，一切银钱来往，该借该还，都要节前结清，白花花的银子或现洋钱要还给人家。不论大家小户，弄不到钱这个节就无法去过，欠钱无法偿还，被人堵着门要账，想尽办法"搪账"，不是愉快的事，也不是容易的事。同治《都门纪略》竹枝词云：

中秋佳节月通宵，债主盈门不肯饶。

老幼停杯声寂寂，团圆酒饮在明朝。

这首诗写出了当年八月节的另一面，中秋节夜，月色正好，而债主也能通宵达旦地讨债，此时此际再好的月饼吃着也不香了。

银钱来往，一是商号与商号之间，一般商号与银钱业，透支的款子要归还，归不上就要报歇业。八月中秋买卖家过不了节关张是常事；二是住户与商号之间，当年除去经济极困难的寒门小户，每天用卖力气挣来的有限的钱买柴米油盐而外，一般人家，日常生活所需，都是赊账，粮店立记账的"折子"，赊米赊面；油盐店立折子，每天赊菜、赊油盐，肉铺赊肉、煤铺赊煤，总之几乎无一不赊。到"三节"结账归款。端五节如某项款归不上，或可推迟到中秋，中秋不还，再推到除夕，那就更困难了。这种情况一直到三十年代"七七事变"前夕，还是如此。因之一般人家都要在节前筹划一笔款子还节账。二十年代初，北洋政府欠薪时，平时欠得再凶，但到中秋节前夕，总要多发一些，看《鲁迅日记》，记有不少这种情况。三是要筹划买礼品送节礼，总有几家非送不可的礼，最起码一个"蒲包"（一般三斤水果）、两盒月饼，这叫"水礼"，是最轻的，如送上级，有求于人，自然还要加重。四是要开节赏。机关中办事员以上都得向工役开节赏，学生住在老式公寓中，也得给伙计开节赏，常去的饭馆、娱乐场所，都要开节赏。自然不少指身度日的人也把节赏看作一笔重要的收入，全仗它来过节了。

庚子那年中秋节正好八国联军蹂躏北京，仲芳氏《庚子记事》记云："人在倒悬之间，何有心情庆赏中秋……聊以应名而已。所幸各铺户闭门而逃，诸如煤、米、油、面等账，皆未登门索债，反免一番着急。"这也可以反证当年中秋节账多么逼人了。